国土学

国民国家の現象学

［叢書］新文明学4

New Philosophies of Japanese Civilization

大石 久和
Ohishi Hisakazu
藤井 聡 著
Fujii Satoshi

北樹出版

刊行にあたって

ニヒリズムを超える思想の復権へ——新文明学の試み

今日ほど「思想」が力を失ってしまった時代はない。と同時に、今日ほど「思想の力」が必要とされている時代もない。

「思想」とは、時代を生きるための実践の指針であり、現実を見据えるための座標軸である。また「思想」に関わるとは、できるだけ物事を深く根源的に考えることであり、出来事を総合的に解釈すると同時に、その生の実践に身を浸すことである。そのような「思想」が今日見えなくなってしまっている。

「大きな物語」やイデオロギーの終焉が唱えられて以来、社会や人間についての言説は、一方で著しく専門化して権威主義的となり、他方では不必要に論争的で乱暴な物言いへと傾斜してゆく。それが「思想」を見失わせると同時に、実践の卑俗化と生の俗悪化を導いている。

現代ほどニヒリズムに浸食された時代はない。と同時に、現代ほどその克服が求められている時代もない。

ニヒリズムとは価値の崩壊であり、生の衰弱である。ゆえにニヒリズムとの戦いにおいては、「思想の復権」は不可欠である。そしてそのためには、われわれの生きているこの社会を、総合的に、価値的に、つまり「思想的」に把握する試みがなければならない。その試みをわれわれは「新文明学」と呼んでおきたい。

今日、西欧近代に始まる近代文明は、グローバリズム、技術主義、大衆民主主義などを伴って世界化している。この途方もない、そして次々に押し寄せてくる巨大なうねりのなかで、生を救いだし、精神の平衡を保つためには、この時代を力強く把握するための骨太な知的営みこそが求められるであろう。叢書「新文明学」は、そのための試行であり挑戦なのである。

平成二十五年八月

佐伯啓思　京都大学教授
藤井　聡　京都大学教授

はじめに

今、平均的な日本人は、これから日本は良くなることなどなく、状況は悪くなる一方だろうと感じているようである。内閣府の調査（平成二六年）によれば、今の日本人は六割以上が日本の将来は暗いと感じており、明るくなると予期しているのは一部に限られていた。

多くの一般の人々は今、そんな日本の暗い見通しの原因を例えば「少子高齢化」に求めている。あるいは、日本社会が「先進国として成熟したこと」それ自体に、成長できなくなった原因を見いだしている。

しかし、こうした認識は単なる思い過ごしに過ぎない。事実、世界の「高齢化」を迎えた「先進国」は未だに成長し続けている一方、二〇年にも及ぶ「長期停滞」にあえいでいるのはわが国一国だけだ。つまり、少子高齢化や先進国としての成熟化は、今日の停滞の原因にはなり得ないのである。

ではなぜわが国日本だけが長期停滞に苛まれているのか——その根源的な答えは、日本人がここ数十年、「国土」を蔑ろにしてきたという事実に求めざるを得ない。

もちろんなぜ「求めざるを得ない」とまで言えるのだ、と訝る読者も少なくはなかろう。

しかし筆者等はまさにそういう種類の疑問——つまり、国土と国民国家の活力の関係に関わる疑問――に答えるために、本書「国土学」を物したのである。だから読者のそのような疑問は、本書を読み進むにつれて少しずつ晴れていくに違いない、と考えている。

――本書が論ずる「国土学」とは、「国家の存続と繁栄のために国土のあり方を考える学問」である。

「国土」とは、私たち国民が住まい続けるための「住処」である。

言うまでもなく「住処」が不適当であれば、どのような生物も繁栄することなどできない。それどころか、その存続すら危ぶまれる。なぜなら私たちが暮らす環境、あるいは世界のなかには、実にさまざまな「危機」――自然、外敵、そして崩壊の危機――が内包されているのであり、適切な住処を作り損なえば、私たちの繁栄も存続も、瞬く間に損なわれてしまうからである。

知性、理性を携えた我々人間には、だからこそ、自らの存続と繁栄を導く住処＝国土の形を「意図的」に考える「国土学」が必然的に求められている。

しかも、「感情」を持ち、「価値」や「意味」から片時も自由では居られない我々人間にとって、その「住処」は単なる物理的環境以上の意味を持つ。

私たちが生まれた「生家」「故郷」「祖国」――それらはいずれも生涯にわたって重大な意味を持つ。故郷や祖国から遠く離れた地であっても、そこに住み続ければ「住めば都」、特別な意味を帯びる。

とはいえもちろん、いつまでたっても自分にとって「よそよそしい」土地もあれば、わずかな月日でしっくりと「馴染む」土地もある。つまり私たちは物理的生物であるのみでなく、精神的存在でもあるのである。そしてそれと同時に、土地そのものも我々にとって物理的な意味を超えた「精神的存在」でもあるのだ。そして私たちは物理的にのみならず精神的にも、その土地に「根」を張ることでようやくあらゆる意味での「安寧」と「安泰」を手に入れることができるのである。そしてそんな安寧、安泰の帰結としてはじめて真の「繁栄」がもたらされるのである。

つまり繁栄と存続に資する「あるべき国土」を考えるためには、国民国家という一つの巨大な「現象」のすべての側面を包括的総合的に捉え、解釈すること、すなわち「**国民国家の現象学**」が要請されているのである。

だから本書では、「国民国家の現象学」としての「国土学」の構図を改めて描写したうえで、「国土」（インフラ）とその国土のうえで織りなされるあらゆる「国民国家の諸活動」（スープラ）との間の巨大な循環現象を包括的に「解釈」することを目指す。そしてそれを通して、その繁栄と存続のための国土のあり方を考える「思想」とその「実践」を論ずる。

本書で論ずる国土学は、日本という一つの国民国家のみをその射程に収めたものではない。とりわけ、その体系と思想を論じた**第Ⅰ部**と**第Ⅲ部**は、日本に限らずあらゆる国家に妥当する国土学の思想と哲学を論じている。ただし、歴史学が特定の民族や国家の歴史を対象としてはじめて具体化されるのと同様に、国土学もまた「特定の国家の特定の国土」を対象としてはじめて具体化される。だから本書**第Ⅱ部**では、わが国日本を対象として、日本の存続と繁栄を企図した国土学を詳らかに展開する。

それ故**第Ⅱ部**では、わが国の「閉塞感」を打ち破るために、今、求められる国土に働きかける実践のあり方をさまざまに論ずる一方で、**第Ⅲ部**ではそうした実践が日本の存続と繁栄に資する思想的構図を示す。それ故、これら**第Ⅱ部**と**第Ⅲ部**の議論を双方「同時」に十全に理解することで、思想に裏打ちされたより効果的な実践を「日本を救う」ために展開可能となると同時に、その具体の実践によって思想の輪郭がより鮮明にかつより深く認識せられ展開されることが可能となるのである。

本書がそうした国土学を大きく展開させ、日本国家の活力とあらゆる日本国民の生がますます旺盛とならんこと、そしてあらゆる国民国家の循環現象における思想と哲学が深化される契機を与えんことを、心から祈念したい。

京都大学　藤井　聡

目次

第I部

国土学の構造

藤井　聡

「国土を語る」ことは、国民国家そのものを語ることである。そして国民国家そのものを語るとは、人類が作り得た最も偉大なる共同体精神（＝国民国家）によるあるべき実践のかたちについて考えることである。かくして国土学は好むと好まざるとにかかわらず、人類の英知全てを動員せんとする営為そのものとなる。この認識的実践、実践的認識を成就させんとする営為のなかではじめてその共同体はその存続と繁栄の契機を得ることができる。

第1章 今、日本を守るために必要なのは「国土学」である

本章ではまず、国土学とは、「国家の繁栄と存続のために国土のあり方を考える学問」であることを改めて宣言する。我々の国民国家は、「自然の脅威」、「外敵の脅威」、「自滅の脅威」の三つの脅威に晒されており、それらから国民国家を「護る」ことができなければ、その存続すら危ぶまれることとなる。だからこそ、国民国家の「住処」である国土それ自身が、それらの脅威から護ることができるものであることが必要不可欠であり、そのあり方を考え、それを実現していく実践を考えるのが国土学である。本章ではこうした国土学の基本的な意義と目的を論ずる。なお、そのうえで、本書では第Ⅰ部において国土学の「構造」を論じ、第Ⅱ部にて「日本の国土学」を具体的実践的な視点から論じたうえで、第Ⅲ部にて国土学の哲学を踏まえたうえで、国土学を通して実現すべき、あるべき国土の姿を改めて明らかにせんとする議論を述べる旨を宣言する。

1　国土学とは「国家の繁栄と存続のために国土のあり方を考える学問」である

「国土学」とは、「国土」のあり方を考える学問である。

この国土学の「国土」とは、ある国民国家の領域を意味している。こういえば国土とは、国境線で区切られた単なる「物理的領域」であるかのような印象を受ける読者もおられるかもしれないが、決してそうではない。国土にはその国民国家が暮らし続けていくことができるように、さまざまに手が入れられているからである。したがってそれは、単なる「物理的領域」というよりは、自然的要素と人工的要素の双方を含む自然と人工の調和物としての「住処《すみか》」なのである。

そもそも動物たちの「住処」は、自然環境にその動物が手を加え、形づくられる。同様に「国土」もまた、日本なら日本という一つの国民国家が暮らし続けるために、日本列島にさまざまな手を加えながら形づくられた「住処」なのである。

ではなぜ、我々が国土という住処をつくりあげるのかといえば、それは、我々が生まれ落ちた、抜本的に改変することなどあり得ぬほどの圧倒的な力をもったこの「大自然」のなかで生き続けていかなければならないからである。

そもそも動物たちが住処をつくるのは、その自然環境のなかで生き残り、子々孫々まで繁栄し続けるためである。いかなる生物も「住処のつくりかた」を間違えればその自然環境のなかで生き残ることはできない。それと同じく、あらゆる国家もまた、自らの存続のために住処としての「国土」をつくりあげなければならないのである。

たとえば湿度や温度が不適切な住処なら、その生物集団は環境に適応できず、早晩彼らは息絶えるし、その住処で餌を十分得ることができなければ飢え死にする。

その住処が外敵に容易く侵入されてしまうようなものなら、食べ殺される。

さらには共同生活をしている生物集団なら、彼らの間の秩序を保つことができないような住処であれば自滅してしまう。

つまり彼らが生き残るか否かは、どのようにその環境状況のなかで「住処をつくるのか」に直接的に依存しているのである。すなわち彼らはつねに、

第一の「**自然**の脅威」、
第二の「**外敵**の脅威」、
第三の「**自滅**の脅威」、

という三つの脅威に晒されており、この脅威はいずれも、その住処のあり方によって顕在化してしまうのである。すなわちそれぞれの生物集団は、これら三つの脅威から自分たちを「**護る**」ための住処をつくりあげなければ、繁栄することも、生き残ることもできないのである。

2　国民国家の「三つの脅威」、それに対処する「住処」のための「国土学」

そして私たち日本のような国民国家もまた一つの生物集団として、自然・外敵・自滅の脅威につねに晒されている。これらの脅威に対して対処できる住処＝国土が不在であれば繁栄はおろか、そ

の存続自体が保証されなくなってしまう。

第一の「自然の脅威」。

これについては、たとえば食糧やエネルギーを調達できる国土がなければ、(諸外国から調達しない限りは)その国民国家は滅び去り、何より、地震、洪水等さまざまな天災を耐え忍ぶことができるような国土が不在であれば、同じく滅び去る他ない。

第二の「外敵の脅威」。

それはまず、軍事的な脅威を意味する。その国土に諸外国の侵入を容易に許すようであれば、その国家は滅亡を免れ得ない。仮に軍事的なリスクがなかったとしても、グローバル経済が進行する今日では、日本の国富を狙う諸外国や多国籍企業が日本経済への侵入を繰り返し、我々の国民国家の繁栄は失われ、経済的な主権が奪われ、最終的には軍事的にも侵攻され、亡国の憂き目にあうこととなる。

そうした事態を回避するためには、軍事力の増強や経済制度を整えていく取り組みが必要だが、そのためにもそれら諸活動が展開可能な「住処」としての「国土」を整えていくことが必要不可欠である。なぜなら、諸外国がまねできないほどの生産力をもつ産業があれば、あらゆる外敵を寄せ付けない経済的、軍事的、そして社会的な「国力」を身に着けることが可能であり、そんな「国力」のためには、それを支える適切な「国土」が文字通りに必要不可欠だからである。そもそもあらゆる産業や社会秩序は全て「国土」のうえに築きあげられるのであり、適切な「国土」が不在であれば十分な産業を育み守ることは不能となる。

そして第三の「自滅の脅威」。

夥しい数の人々で構成される社会が繁栄するためには、彼ら全員の間の「秩序」が必要不可欠であり、それがなければその社会は早晩必ず「自滅」する。そんな秩序とは、「治安」ということを意味するのみならず、「地域経済の持続性」「国民経済の持続性」や、持続不可能な程に大きな「格差」の拡大を防ぐ、ということもまた意味している。そうした秩序が保持されていなければ、人々の間の大小さまざまな諍いが絶えない状況となり、最悪の場合は反乱や内乱という状況に至りかねない。

そして経済の持続性や格差の最小化のためには、十分な産業、経済を支え、社会が社会として成立するのに十分な人々の「交流」を保証する都市と交通に関わるインフラストラクチャー（社会基盤）が必要不可欠である。そんな都市と交通に関わるインフラストラクチャー形成のためには都市においては「都市計画」、地域においては「地域計画」、そして日本の国土全体にとっては「国土計画」が求められる。すなわちそうした適正なインフラ形成、空間形成がなされてはじめて、格差は是正され、地域経済は発展し、国民の交流が促され、国民の社会と経済の持続性も保持されていく。一方でこれらが不在であれば、産業は停滞し、経済は疲弊し、格差は拡大し、社会秩序も治安も劣化し、「自滅」の危機に晒され、その国民国家の繁栄や存続が危ぶまれることとなる。

すなわちあらゆる国民国家は、「自然」「外敵」そして「自滅」という三つの脅威からそれぞれの国民、国家を「護る」ための住処としての「国土」を日々つくり続けていかなければならないのである。さもなければ国民国家の繁栄も、そして存続それ自身も脅かされることとなる。

これこそ、国土を考え続ける「国土学」が、それぞれの国家において強く求められる根源的理由である。

3 「国土学」の不在がもたらす、日本の危機

以上の議論は、あらゆる国家に妥当するものである。

あらゆる国家が三つの脅威に晒されているのであり、あらゆる国家がそれらを乗り越えるための「国土学」を必要としている。

当然日本もまたその例外ではない。日本は日本の国土を考える国土学が不在であれば、衰退し、早晩亡国の憂き目にあうこととなる。

ところが――誠に残念なことに、平成日本はこの三つの脅威から日本を護る国土をつくりあげる努力をおざなりにし続けている。

わが国日本は、「自然の脅威」に対して万全ではない。端的には、首都直下地震や南海トラフ地震の脅威を乗り越えられる程の強靭な国土を十分につくりあげたとは言いがたい。

「外敵の脅威」に対しても、わが国は万全ではない。周辺の離島に対する不測の侵略行為からわが国を守り抜くための国土利用が進められているかと言えば決してそうではない。離島においても人々が住み続ける場合とそうでない場合とで、諸外国の侵略リスクは大きく変わるからである。

しかも、諸外国の経済的進行を阻止するに十分な生産力を保証しうる国土をつくりあげているのかといえば、決してそうではない。国土のポテンシャルを余すところなく発揮させるようなインフ

ラ整備は不在のままであり、過剰な都市への偏重投資、とりわけ東京への一極集中が加速し、非都市部でのインフラ整備が低迷し続けているのが現状である。そしてその結果、とりわけ今日ではマクロ経済における需要と供給のバランスが失われ、デフレが進行し、わが国の安泰にとって必要とされる経済基盤が毀損され続けている。

そしてそうした不十分な公共投資と都市偏重のインフラ投資は日本のマクロ経済のデフレを導き、格差の拡大をもたらし、国内のあらゆる秩序を毀損し続け、今まさにわが国は「自滅の危機」がじりじりと拡大しつつある状況にある。

とりわけ今日では、デフレと格差で巨大化しつつある国民の不満は、「全体主義」の形成をにわかに促進し、緊縮財政やTPP、道州制、首相公選制等の継続と実現を通してあらゆる破壊が一挙に進められつつある状況を創出してしまった。

このようなあらゆる危機の根源には、一つの生物集団である私たち日本の国民国家が住まう「国土」を蔑ろにし続けてきたという一点が存在している。

だからこそ私たちは、自分たちの日本という国民国家が安寧と安泰の内に生き続けることができる国土のあり方を考える「国土学」をまさに今、真剣に考え始めなければならないのである。

4　本書の狙い

本書『国土学』は、こうした認識の下、全ての国家が存続するために求められる「国土」のあり方を考えるものである。国土学についてはすでにこれまでも、本書の著者でもある大石によってさまざまな試論が重ねられてきたものである（たとえば、大石　二〇〇六、二〇〇九、二〇一二）。それ故本書における国土学は、その「事始め」ではない。本書はそうした大石の一連の営為を踏まえつつ、藤井を加え、そのうえでさまざまな国家的危機を見据えつつ、さらに循環的に国土学を発展せんとする試みである。

本書第Ⅰ部では、国土学の理論的構造を明らかにする。

ここで「国土学」という「国土を考える営為」は、その国民国家がある限られた時（時間）と場所（空間）のなかで織りなしてきたあらゆる現象を改めて「解釈し続ける」ということを意味する。したがって「国土学」は、国民国家という現象を解釈するものであることから、「**国民国家の現象学**」と呼ぶべきものである。本章の第Ⅰ部はこの視点にたって、国土学の理論的構造を明らかにせんとする。

一方、あらゆる解釈は何らかの志向性（目的）をもつものであるが、この国土学という国民国家の解釈における志向性（目的）とは、繰り返すまでもなく「生き続ける」というものである。本書の第Ⅱ部においては、さまざまな国家のなかでも特に我々の国、日本を取りあげ、この日本が生きぬくために、いかなる国土が求められているのかという「具体的実践的な国土学」を論ずる。

さらに第Ⅲ部では、国土学を論ずることの意味を哲学の視点から改めて論じ、そのうえで、国土学を通して実現すべき、あるべき国土の姿を改めて明らかにせんとする議論を述べる。

こうした国土学の理論的側面を論じた第Ⅰ部と、実践的側面を論じた第Ⅱ部、さらには国土学の意義に関する哲学的側面を論じた第Ⅲ部の三者を通して、国家が生きぬくためにいかなる国土が求められているのか、そして今日の日本の繁栄と生き残りのためにいかなる国土が必要とされているのかを明らかにせんとするのが本書の狙いである。

第2章

国土学は「国民国家の現象学」である

本章では、「国家の繁栄と存続のために国土のあり方を考える学問」である国土学は、何よりもまず、それぞれの国家でどのような事柄、すなわち「現象」が生じているのかをつぶさに、かつ包括的総合的に見据えることが何よりも求められている、という点を改めて論ずる。

一般に、（1）あらゆる「現象」をしっかりと見据えて「解釈」し、（2）その解釈に基づいて実践のあり方を考え、それに基づいて実践を織りなしていく、（3）そしてそのうえで新たに生ずる状況のなかで、再び「現象」を「解釈」する——という循環的営為を繰り返す学問は（実践的な）「現象学」と呼ばれる（c.f. バシュラール　二〇〇二／一九五七、レルフ　一九九九／一九七六、ハイデガー　一九六〇／一九二七）。したがって、国土学は必然的に「実践的な現象学」と呼ぶべき知的営為なのである。本書『国土学——国民国家の現象学』の第二章ではまず、こうした認識に基づき、国土学がいかなる「実践的現象学」であるのかを明らかにする。

1 日本という現象

仮に、「日本」と呼ばれる私たちの国民国家における政治や経済や社会、文化や芸術、風土、そして民俗といったあらゆる現象を「日本という現象」と呼んでみたとしよう。

そうすると、その「日本という現象」を時間的側面から捉えれば、それは「日本史」(あるいは「国史」)と呼ばれるものとなる。一方で、それを空間的側面から捉えれば、その現象は「国土」と呼ばれるものとなる。

あらゆる現象が時間と空間のなかで展開するものである以上、「日本という現象」を理解するためには、この日本史(国史)という時間的側面と、国土という空間的側面の双方をつねに視野に収めることが必須である。かくして、たとえば教育課程における社会科においては、世界中で「歴史」と「地理」が科目化されてきた。

そもそも「歴史」は、悠久の時間のなかで、圧倒的な力を湛えた自然環境に人の手が加えられてつくりあげられた「地理」(風土)のなかで紡がれていく。

一方で、その「歴史」が、それぞれの「地理」(風土)を形づくっていく。

そしてその「地理」(風土)がまた、刹那刹那の「歴史」を紡ぎ出していく。

かくして、歴史と地理は分離不可分な一つの現象の二側面にしか過ぎないものなのである。

それはちょうど、ある人物を深く知らんとするうえで、その人物のこれまでの「来歴」と、今日の「佇まい」の双方を見据えることが何よりも大切であることと同じである。そもそもそれぞれの人物の「佇まい」は、彼の人生の歴史に依拠して形づくられ、一方で、その「佇まい」が彼の人生の刹那刹那の歴史を紡ぎあげていく。かくして、一人の人物において、彼の佇まい（あるいは人柄）と人生（来歴）は切り離すことは不能なのであり、佇まいと人生のそれぞれがそれぞれに彼という人物を表している。

日本を一人の人物に模して考えるなら、日本史とはその人物の人生（来歴）であり、国土とはその人物の佇まい（人柄）である。そうである以上、日本という現象を理解せんと欲すれば、時間的側面に焦点を当てた「国史」（日本史）という理解のみならず、空間的側面に焦点を当てた日本国民の地理（＝土地の状態・様子）、すなわち「国土」という理解が絶対的に不可欠となるのである。

たとえば、今日の日本人のあり様は、これまでの日本の歴史に直接的に規定されているように、国土の条件にも直接的に規定されている。この厳しい自然環境下にある日本の国土のなかに住まい続け、そのなかで幾度となく地震に揺り込められ、津波や大雨や洪水や土砂災害に苛まれ続けたからこそ、私たち日本人は今の日本人となったのであり、地震や津波、台風や洪水が一切無き自然環境に住まい続けてきたとするなら、二つの日本人とは全く違ったあり様になっていたことは間違いない（大石　二〇一五）。つまり、今の日本のあり様を考える時、歴史と国土の双方の条件を過不足なく見据えることが必要であることは、改めて論ずるまでもない程の、当たり前のことなのである。

2　国史に対する関心、国土に対する無関心

ところが――どういうわけか日本においては、日本史・国史に対する関心は国民的意識の側面においても学術的興味の側面においてもすこぶる高い一方で、国土に対する関心は、いかなる側面に

おいても著しく低い、というより時に「無視」という水準にまで貶められている。

万が一にもこうした状況が日本国民に不幸を一切もたらさないのなら、それはそれで構わないのだが、残念ながら、日本国民は今や「国土」という概念を軽視し続け無視し続けてきたことの見返りとして「巨大な災厄」に苛まれるに至っている。

日本人が国土を軽視する態度をもち続けるが故に、自然災害の巨大化を招き、日本経済の凋落を招き、地方社会の衰微を招き、日本の風土と民俗が劣化され続けている。つまり、国土を蔑ろにすることの見返りとして、日本国家が直面している「自然の脅威」「外敵の脅威」「自滅の脅威」の三つに晒され、その帰結としてその繁栄、さらにはその存続すらもが危ぶまれる事態へと、平成日本は至っている。国土の軽視ないしは無視が国土の荒廃をもたらし、その帰結として日本の「文明の荒廃」がもたらされているのである。

3 国家の繁栄と存続のための現象学

ではなぜ故に、現代日本人は国土を軽視し無視し続けるに至ったのか、そしてそれは一体如何様にしてさまざまな深刻な帰結をもたらしてきたのか、さらにはその深刻な帰結を避けるためには、我々は一体何を、どのようにすればいいのか――。

こうした実践的、プラグマティックな問いに回答を供与するためには、我々はいかにして我々の歴史のなかで「国土」を紡ぎあげてきたのかを、哲学、思想、歴史、民俗といったさまざまな角度から考え続けることが求められている。国家の繁栄と存続を明確に企図した国民国家の諸現象に対する冷静かつ明晰な考察を積み重ねることができてはじめて、わが国の繁栄と存続のために必要な国土のあり方を考え、つくりはじめる縁を得ることが可能となるのである。

そしてこうしたあらゆる省察は、私たち人類がそれぞれの地理的空間と歴史的時間のなかでつくりあげてきた「国民国家」という人文社会的現象をありのままに捉えたうえで、それをさまざまな角度から解釈しなおす作業に他ならない。それ故この作業は、**国民国家の「現象学」**（c.f. バシュラール　二〇〇二／一九五七、レルフ　一九九九／一九七六、ハイデガー　一九六〇／一九二七）と呼ぶにふさわしい営みである。

そしてこうした**国民国家をめぐる実践的《プラグマティック》な現象学**こそが「国土学」なのである。

4　無限運動としての国土学

ところで現象学は、半永久的に「解釈し続ける」という運動を意味している（シュライエルマッハー　一九八四／一八三八、ディルタイ　一九八一／一八九〇、ガダマー　二〇〇八／一九六〇）。

そもそも解釈には果てはない。

なぜなら解釈は新たな実践を産み、その新たな実践はまた新たな解釈を産み出すからである。すなわち、「解釈」というものはすべからく現象をめぐる解釈学的な「循環」を成すものであるから、国土学が無限運動を成すことになるのもまた、必然なのである。

たとえばある国土についてある解釈がなされれば、その新たな解釈の下、新たな実践がもたらされ、国土の様子は変化する。そうすれば、その変化して新たに産み出された国土はまた、新たな解釈を求めることとなる。江戸時代には江戸時代の国土に対する解釈と実践が必要であったように、その実践の下で産み出された明治時代の国土に対してはまた別の新たな解釈と実践が求められるのである。こうした絶えざる解釈と実践を流れ続ける時間のなかで織りなし続けることではじめて、我々の今日の平成日本の国土が形づくられているのである。

かくしてこの国土学もまた、国民国家についての解釈の「循環」という無限運動とならざるを得ないのである。

すなわち国土学は、国民国家による自身の存続を賭した実践を見据えた終わりなき知的営為なのであり、それ故に、その完成を待ってその解釈の静的な構造を余すところなく書物に著すということが可能な種類の学問ではない。それ故必然的に本書もまた、国土学という知的営為の一つの断面を切り取って読者に提示せんとするものである。

言うまでもなく、我々が取りあげる国家的危機のなかでもとりわけ中心を成す課題となるのは日本国家の生き残り、存続、である。

誠に遺憾ながらも、皇統をいただくわが日本国家は今、文字通り滅亡の危機に直面している。無論それは何も、極東の地で引き継がれた日本民族の生物学的遺伝子が途絶えることを意味しているのではない。日本国家という一個の「家」が雲散霧消しつつあるということ、それが日本国家の滅亡という言葉の意味である。

したがって、「私たち日本人とは、何ものなのか?」をめぐる日本の国民国家についての解釈の新たな地平を切り拓くと同時に、その存亡の危機を中心とした国家的危機を乗り越えんがために求められる実践のあり様を模索せんとする試みが今、強く求められている。かくして、わが国において国土学が強く求められているに至っているのである。

第3章

国民国家現象は「国土をめぐる無限循環」である

第三章では、国土学の全体的構造を描写する。本章ではまず、解釈学の理論的枠組みを援用しつつ、国民国家という現象は国土をめぐる実践的な循環現象であることを改めて明らかにする。すなわち、国民国家の下部構造＝インフラストラクチャー（インフラ）としての国土と、上部構造＝スープラストラクチャー（スープラ）としての制度・文化・言語の間の循環として、国民国家現象を描出する。そして現象学の理論的枠組みを踏まえ、その国土をめぐる実践的循環現象を解釈する学問として、国土学を定位する。一方で、その循環における個々の過程（プロセス）、すなわち、インフラによるスープラの規定、インフラ形成には「考える」ことが不可欠であること、「考える」ことの内実はスープラに直接的に規定される、などの一つ一つの個別的な過程（プロセス）を解説する。それらの解説にあたっては、その過程（プロセス）についていかなる学問がその解釈と思想を深めてきたのかもあわせて論ずる。それを通して、国民国家の現象学である国土学は、社会学、心理学、政治学、行政学、土木計画学等をサブ領域の学問として包摂している様相を描写する。

1　国民国家とは「国土」をめぐる無限の循環現象である（解釈学・現象学的議論）

「国土学」は、国民国家の現象学、である。

つまり、国民国家と呼ばれる現象について考え、解釈する学問である。

では、国民国家と呼ばれる現象とは何かと言えば——それは、次のような「循環」なのだと解釈することができる（図3-1もあわせて参照願いたい）。

すなわち**国民国家とは、国民が自らの生き残りを賭けて国土のなかで国土について考え、解釈し、その解釈に基づいて国土をつくりあげていく。そしてまた国民は、こうして新しく形づくられた国土のなかで国土について考え解釈し、そしてまた国土をつくりあげていく——という無限の循環的営為なのである。**

これが、「国土学」における、最も基礎的な「国民国家についての解釈」である。すなわち、**国民国家は生存を賭した「国土」をめぐる無限の循環現象であるというこの命題は「国土学の第一命題」**と呼ぶべきものである。[1] そして、以下に述べる諸命題（「あらゆる国民国家は国土がなくては生きていけない」「国土をつくるには「考える」ことが不可欠である」等）はいずれも、この第一命題の「サブ命題」、つまり、この大きな循環の一つ一つのプロセス・局面に対応した命題に位置づけられる。

なお、この国土学の第一命題は、解釈学的循環を論じ続けてきた「解釈学」から必然的に演繹されるものである（c.f. シュライエルマッハー　一九八四／一八三八、ディルタイ　一九八一／一八九〇、ガダマー　二〇〇八／一九六〇）。そして、言うまでもなくこの解釈学的議論は、「国民国家という現象」を解釈するという「現象学」の一環でもある（ハイデガー　一九六〇／一九二七）。それ故、国土学の学術的枠組みは、解釈学を包摂する現象学の構造を有しているのである。

命題1：あらゆる国民国家は国土（インフラ・下部構造）がなくては生きていけない（土木計画学）

この国土学の第一命題である、「生存を賭した国土をめぐる無限の循環現象」を理解いただくために、図3-1をご覧願いたい。

そもそもこれまでに繰り返し論じてきたように、あらゆる国民国家は自らの住処である「国土」をつくらねば生きてはいけない。

そしてその「国土」は一般に、我々の暮らしの全ての基盤的存在であることから、インフラストラクチャー、すなわちインフラ＝下部構造と呼ばれる。

しばしば「インフラ」とは、橋や道路や鉄道といった土木構造物を指す言葉として用いられるが、本来はそうした土木構造物を含めたあらゆる社会の基盤、下部構造をいうものであり、その最も包括的な（国家を想定した）表現が「国土」である。

なお、国土がいかなる意味において国民国家の繁栄と存続のために求められているのかは、土木計画学（c.f. 藤井 二〇〇八）と呼ばれる学問のなかで、経済学や社会学、心理学、政治学、行政学等を援用しながら包括的に考察されてきているものである。したがって、国土学は土木計画学を包摂している。

たとえば、交通インフラなくして物流は存在しえないのであり、かつ、経済は物流なくして成立しえぬものである。しかも交通インフラが、あらゆる「商圏」を決定づけている。したがって、交

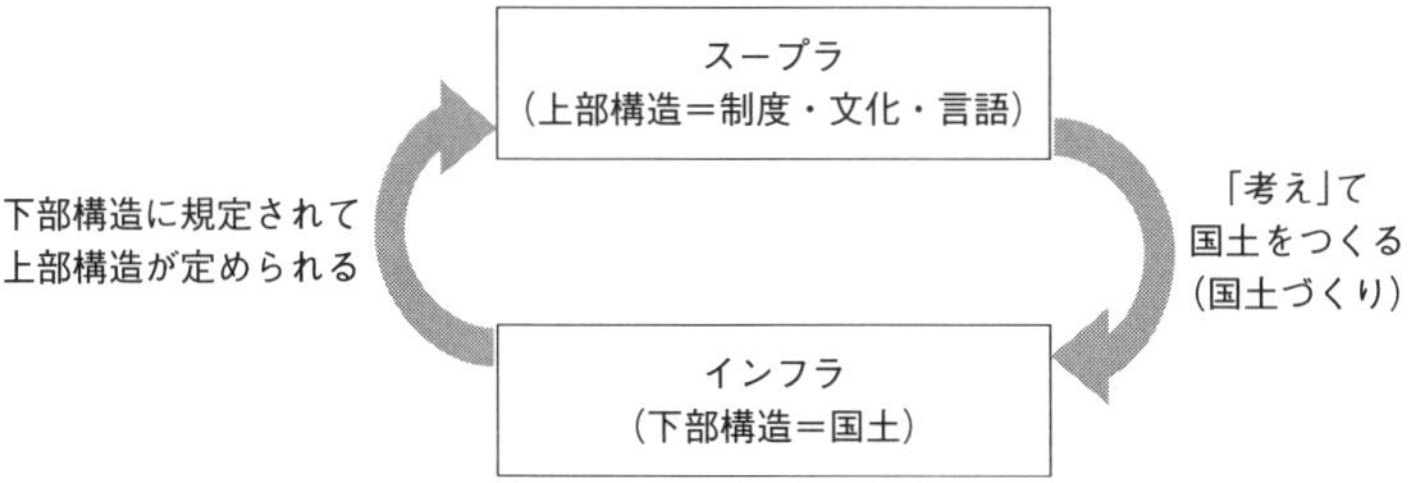

図3-1　国民国家のインフラとスープラの循環構造

通インフラこそが生産、消費の両面から経済を支える基盤となっている。したがって、あらゆる経済学はその国土における交通インフラの状態やその変化に着目しなければ、経済の状態もその変化も解釈し、予見することは不可能である。

同じく交通インフラなくして国民同士の直接的交流は不可能であり、そして、直接的交流こそが社会のあらゆる動態の源泉となっている。それ故、その国土における交通インフラの状態とその変化を理解することが、社会の動態とその変化を理解するうえで決定的に重大な役割を担っている。

さらには、こうした経済や社会の動態は、交通インフラのみならず、人がどこに住み、どこに生産施設があり、どこに商業施設があるのか、といったさまざまな施設の空間的分布にももちろん決定的に影響を受ける。その意味において、その国土がどのように人々によって利用されているのかという国土の地理的状況や国土利用が、経済と社会に決定的な影響を及ぼしていることも論をまたない。

さらには、その国民の政治状況から心理状況に至るまでのあらゆる現象は、社会や経済の状況に決定的に影響を被るのである以上、やはり、国土のあり方に決定的な影響を被っているのである。このことはつまり、今日の国民国家のあらゆる現象は、国土なくして存立しえないということを意味しているのである。

いずれにせよ、あるべき国土のあり方を考える国土学では、インフラ（下部構造）としての国土なくして、社会や経済をはじめとしたさまざまなスープラ（スープラストラクチャ＝上部構造）が存立しえぬことを踏まえつつ、その影響を個別的かつ包括的に解釈せんと試みる。そうした解釈があってはじめて、次に述べる「いかにして国土をつくるか」を考え始めることが可能となる。

命題2：国土づくりには「考える」ことが不可欠である（土木計画学・政治学・行政学）

「人類」においては、自らの住処＝インフラである「国土」をつくる、すなわち「国づくり」のためには「考える」ことが必要不可欠である。

アリやネズミ等の動物ならば「考える」という行為を経ずとも、彼らの遺伝子に書き込まれた「本能」に基づいて、それぞれの地の自然環境に適応可能な住処をつくりあげることができる。ところが、人類は「考える」ための能力を手に入れることと引き換えに、「何も考えずに本能のまま、不都合なく生きていく」というあらゆる生物が手に入れている能力を失ってしまった。だから人類は、考えなければ、まともな暮らしができない存在なのであり、「考え続ける十字架」を背負った存在なのである（c.f. 藤井 二〇一五）。

国土をつくるために我々人類が絶えず行ってきた営為が、都市計画や国土計画である。そしてそういう「計画」はすべからく、それぞれの地のあらゆる自然条件を加味しつつ、明確な目的を見据えたうえで都市計画者、国土計画者が「考える」ことが全ての前提となっている。

事実、本書第Ⅱ部では、私たち日本人が、それぞれの時代において、どのような自然現象、自然災害への対処を迫られ、何を見据え、何を考え、どのようにして国土に手を加え続けてきたのかが、詳細に論じられる（第5章「この国土にわれわれはどう働きかけてきたのか」参照）。そこで明らかとなるのは、私たち日本人は、それぞれの時代で、たとえば自然災害への対処を一つ間違うだけで、今日のここまでの発展も繁栄もあり得なかったという事実である。そして「過去」を解釈することで初めて得られるこの事実は、今日の我々の国土に対する振る舞い方一つが、私たちの国民国家の将来に巨大な影響を及ぼすという明々白々な事実である。

なお、計画者が国土や都市を計画し、つくりあげていくためにはどうすべきなのか――ということを考える学問もまた、「国民国家の繁栄と存続のためにはいかなる国土が必要か」を考える「土木計画学」（藤井 二〇〇八）である。したがって国土学はこの意味においても「土木計画学」を包含するものなのである。なお、こうした諸計画を考えるうえで重要な意味をもつのが、先の節に指摘した、国土というインフラが、社会、経済、制度、文化といったさまざまなスープラにいかなる影響を及ぼしているのか、そして、国土が改変されたとき、それらスープラはどのように変遷し得るのかを考えることである。

一方で、そうしてつくられた計画を「実行」し、実際に都市や国土を形づくっていくためにもまた、我々は「考え」なければならない。そうした実行プロセスを考えるにおいて、今日、考慮せざるを得ないのが、「政治」と「行政」の力である。

こうした国土をつくりあげるための政治や行政の問題はもちろん、政治学、行政学で取り扱われるものであるから、国土学は必然的に、国土をめぐる政治と行政を論ずる政治学、行政学を包含する広がりを（土木計画学とともに）もつ（藤井　二〇〇八）。なお、第Ⅱ部においては、今日の日本の現状、世界の現状を見据えつつ、現時点においていかに国土に働きかけていくべきなのか、については、**第7章「われわれはこの国土にどう向き合っていけばいいのか」**にて仔細に論ずる。

命題3：スープラ（制度・文化・制度＝上部構造）が「考える」内容を規定する（心理学）

一方でそんな計画をつくるためにに不可欠な「考える」ということを行うために、人々は自身が暮らす社会に埋め込まれたありとあらゆる制度（風習）や文化、そして何よりも言葉を駆使する。

そもそも我々は言葉を使わずして、何ものをも「考える」ことはできない。

もちろん言葉などなくても、我々は痛ければ叫ぶし怖ければ身をすくめる。しかしそれは考えたうえでの実践というよりはむしろ「刺激に対する反応」に過ぎない。

その様な「反応」で、環境をつくりあげていくことなどできない（本能的な「反応」だけで、椅子や机ができるかどうかを想像してみればいい）。ましてや、国土をつくりあげるための実践である「都市計画」や「国土計画」ができるはずもない。

今日の国土計画を達成するためにも、平安京や江戸の町をつくりあげるためにも、言語を用いたあらゆる知恵や伝統、文化、風習を駆使しなければならないのである。

なお、そうした伝統、文化、風習のなかで、人がいかに考え、判断するのかという問題は、一般に「心理学」で取り扱われる。とりわけ、伝統や文化、風習との関連を重視する心理学は社会心理学（アロンソン　一九九四／一九七二）や文化心理学（Markus & Kitayama, 1991）といわれる。したがって、国土学は必然的に、社会心理学や文化心理学の一部を包摂する。

命題４：国土は国民の自画像である（土木計画学・社会学・政治学）

国土は、国民が「考え」ることでつくられ、そして、その考える内実は、その国民国家の文化、風習等のスープラに規定される。したがって、国土それ自身は、国民国家の文化や風習等を反映することでつくりあげられていく。その意味において、国土はその国民の「自画像」なのである（井尻　一九九四）。

たとえば、無秩序で混沌とした暮らしを続ける人々は、その空間に秩序がなく、混沌としていることそれ自体について頓着することはない。したがって彼等の住まいそのものも混沌としたものとなり、さながら「ごみ屋敷」のようなものとなるし、彼らがつくりあげる町並みもまた、あちこちにごみが散乱し、のぼりや看板が無秩序に配置され、異なる建築物同士の間に統一感が不在となる。つまり、混沌とした無秩序な暮らしをする人々は、無秩序で劣悪な景観の都市空間をつくりあげるほかないのである。一方で、秩序だった暮らしを営む人々は、それに呼応するように彼らの調和ある良質な町並みをつくりあげることとなる。町の風景は、その町の人々の「自画像」そのものなのである。

あるいは、拝金主義的傾向が強く、道徳性、倫理性が欠如した暮らしを日々繰り返している国民ならば、国土づくりにおいても、拝金主義的傾向が支配的となり、独特性、倫理性が重視されることはない。その結果、地域間の不平等を是正しなければと考える倫理的判断が下されることもなく、過疎にあえぐ、疲弊した地域を救うための投資を行わなければという利他的、道徳的判断が下されることもなく、「金儲け」がより容易な都市に対してさらに集中的な投資がなされていくこととなる。その結果、一極集中が進む一方で、地方の過疎化はより加速化されていくことになる。一方で、倫理的、道徳的判断を経済合理性の追求に勝るとも劣らぬ程重視するような国民なら、インフラ投資においても一定の選択と集中を図る一方で、必要最低限のインフラを全国各地に均衡ある形で整備していくこととなる。つまり、国土の形は、その国民の倫理性や価値観を反映したものとなるのであり、したがって国土もまた、その国民の「自画像」なのである。

したがって、「理想的な国土づくり」を図らんと意図するのなら、まずは、自分たち国民自身が「理想的な国民」に近づかなければならないのである。

しばしば、街づくりや国土づくりにおいて、外国の事例を「理想の姿」と見なし、文化や風習の相違を度外視して、意図的に無理矢理、外国の街や国土のあり方をそのまま実現しようとする議論が成されることがあるが、それはどだい無理な話なのである。言うまでもなく、街づくり国土づくりにおいて「考えること」「計画すること」が重大な意味をもつことは論を俟たないとしても、つくりあげられるインフラ＝国土が、その国民のスープラ＝文化や風習と整合していなければ、それは文字通り絵に描いた餅に終わる他ない。国土づくり、街づくりにおいては、自然気候の状態を条件の一つとして考えるように、その国民の文化や風習もまた条件の一つとして加味しながら考えていかなければならないのである。そうした街づくり、国土づくりを続けている限り、その街も国土も、一面においてその街の人々や国民の自画像とならざるを得なくなるのである。逆に、自画像とは言いがたい街や国土は持続されていく見込みは低いのである。その意味においてやはり、長年継続している街や国土は、自画像なのである。

命題5：自然気候が国土のあり方を規定する

国土はその国家のスープラを反映するものであり、一面においてその国民の自画像である。しかしもう一面において、和辻（一九三五）が『風土』のなかで論じたようにその国土はその地の自然気候を反映したものである。大雪、大雨、大地震の危機に晒された地であるなら、建築物は全てそれに対応したものへとなっていく。大雪の地では急斜面の屋根が求められ、台風が頻繁に訪れる地では（風で飛ばされやすい）瓦を用いない、フラットな屋根が必要とされる。大地震のリスクがある地では、あらゆる構造物の柱が太くて頑丈なものが求められ、そうでない地では細い柱が用いられることとなる。

あるいは、河川の氾濫が頻繁に起こる地では人々は居住することが困難であるものの、放水路やダムの整備を通して氾濫の危機が最小化されれば、その地に都市を築きあげることが可能となる。事実、関東平野は徳川家康が東京湾に流れ込んでいた利根川を太平洋側に流れ込むようにする大事業を行ったが故に、大幅に洪水の頻度が低下し、その結果として東京の地に大都会が築きあげられることとなった。この史実はつまり、江戸時代以前に東京に都市が築きあげられなかったのも、利根川を付け替える大河川事業が必要とされたことも、それ以後東京の地に大都市が築きあげられるようになったのも皆、関東平野の自然気候の「帰結」であったと解釈できる。そもそも関東平野にそういう自然気候が存在していなければ、それらの史実はいずれも実現していなかったからである。

なお、わが国において、自然気候がどのように国土のあり様を規定してきたのかについては、第Ⅱ部の**第5章「この国土にわれわれはどう働きかけてきたのか」**にて詳細に論ずる。

命題6：インフラ（国土＝下部構造）がスープラ（上部構造）を規定する（社会学）

さて、国土をつくりあげるための「思考」を大きく規定している風習や文化、言語、すなわち我々の社会の「スープラストラクチャー」あるいは「スープラ」（上部構造）においては、それを構成するあらゆる要素は互いに密接に連関し合っている。文化が風習をつくり、文化は言語によって彩られるとともに、あらゆる風習同士は互いに影響し合っている。食と飲酒の風習、文化は互いに影響を及ぼし合っているし、飲食の風習と家族同士の関係に関する風習も互いに影響を及ぼし合っている。「家族の団らん」において、飲食は必要不可欠な要素だ。

そして、その密接な連関は、多くの場合、さまざまな循環構造を形成している。言語が思想をつくり、思想がまた言語の構造に影響を及ぼす。経済状況が社会的風習に影響を及ぼし、社会的風習が再び経済状況を規定する。つまりスープラの体系はその内部に循環を有した階層構造を包摂しており、あるスープラは別のスープラの「インフラ」を成しているのである。その意味において個々のスープラを「制度インフラ」と呼ぶこともある。

ただし、こうしたスープラの諸要素、ならびに、スープラ内部のあらゆる循環は、そのスープラ全体の下部構造をなすインフラ、すなわち国土に決定的に規定される宿命にある。

こうした構造を指摘した代表的論者が、カール・マルクスである。彼は、物理的交通を含めた下部構想が経済産業構造を規定し、その経済産業構造が言語や風習を含めたあらゆる上部構造＝スープラを規定していくと論じた。いわゆる「唯物史観」というものである。たとえばマルクスは、次のように論じている。

> 人間は、その生活の社会的生産において、一定の、必然的な、かれらの意思から独立した諸関係を、つまりかれらの物質的生産諸力の一定の発生段階に対応する生産諸関係を、とりむすぶ。この生産諸関係の総体は社会の経済的機構を形づくっており、これが現実の土台となって、そのうえに、法律的、政治的上部構造がそびえたち、また、一定の社会的意識諸形態は、この現実の土台に対応している。物質的生活の生産様式は、社会的、政治的、精神的生活諸過程一般を制約する。（マルクス　一九五六／一八五九）

こうした議論は、マルクス理論における「社会学的議論」であると位置づけることができる。それ故、社会学の一部は国土学の一部を構成する学術領域と定位できるのである。

あるいは、大石（二〇一五）は、国土学を論じた一冊『国土が日本人の謎を解く』のなかで、そのタイトルに示された通り、国土のあり方が日本人のあり方を直接的に規定してきた様子を仔細に論じている。これらについては本書においても第Ⅱ部の**第6章2節「日本人を規定したもの」**にて論ずる。ただし、この議論の前提にあるのは、我々の「国土」がいったいどのようなものであり、そして、その国土のなかで我々はいったいどのような経験を積み重ねてきたのか、という事実認識、すなわち、「解釈論」である。この「解釈」については、本書第Ⅱ部の**第4章「日本人はどのような国土に暮らしてきたのか」**ならびに**第6章「われわれはこの国土で何を経験してきたのか」**にて論ずる。こうした環境と経験の双方のなかで、日本のあらゆる制度、文化、言語といったスープラ＝上部構造が育まれていったのであって、それによってまた、それぞれの時代で国土にさまざまな形で働きかけ続け、その帰結として、今日の日本の国土が形づくられていったのである。

2　国民国家とはインフラ（国土）とスープラとの間の無限循環である（国土学の第一命題）

このように、国土をめぐる巨視的な循環全体を捉えんとする国土学は、国民国家が織りなすあらゆる現象を対象とするものである。そして「国土」こそが、自らの生き残りを賭した国民国家自身がつくり出す最大の創造物であることを見据え、解釈学、現象学の基本的な理論的な枠組みを踏襲しつつ「インフラ」としての国土と「スープラ」としての文化、制度、言語との間の無限循環を描写した。つまり、国民は、言語、制度、文化に依存する形で、この世界のなかで生きていくために「考え」、国土をつくりあげていく。この考え、つくりあげる行為こそ、国土計画と呼ばれるプロセスであり、心理学、政治学、行政学、土木計画学といったさまざまな学術領域のなかで解釈され、検討されてきたものである。一方で、そうして形づくられる国土は、それを下部構造とし、そのうえにのせられた上部構造としての言語、制度、文化のあり方を決定づけていく。そのプロセスは、社会の動態をさまざまに記述してきた広義の社会学において描写されてきたものである。

かくして、国民国家という巨視的な現象を自身の生存を賭した国土をめぐる無限循環として描写し、その循環をさまざまな次元でさまざまな学問を援用しつつ解釈し、描写し、そのうえで、国土をつくりあげ、制度や文化の変遷と形成を実践的に促していく学問が「国土学」なのである。したがって国土学は必然的に、心理学、社会学、政治学、行政学、土木計画学といったあらゆる人文社会科学を包摂する広がりをもつものとなるのである。

では以下、第Ⅱ部で、本章でその概要を描写した国土学の各々の各側面を、わが国日本の国土を対象として、一つずつ論じていくこととしよう。

註

▼1　無論、国民国家は、国土をめぐる循環以外にも、ありとあらゆる次元における無限循環を胚胎している。制度と社会風習、風習と心理等、あらゆる次元に循環は存在している。しかしそれらの循環は全て、ここで論じている「スープラ」内部の循環に過ぎない。そしてその「スープラ」は、「インフラ＝国土」の間の大きな循環の一要素を成すものなのである。つまり、そのスープラに含まれるあらゆる循環は、スープラとインフラとの間の「大循環」に含まれる「小循環」「サブ循環」に過ぎぬものなのである。したがって、そうした小循環は、国土をめぐる大循環に直接的に規定されるものなのである。一方で、国民国家がつくりあげるもののなかで、「国土」程に巨大で包括的なものはない。このことはつまり、国民国家におけるあらゆる循環のなかで、国土をめぐる循環以上により包括的で巨大な循環は存在していないということを意味している。そうである以上、国民国家を循環という視点で解釈するにおいて最初に解釈すべきは、インフラとスープラとの間の循環とならざるを得ない。かくして「国民国家とは国土をめぐる無限循環である」という命題こそが、国民国家の現象学における「第一命題」となるのである。

第Ⅱ部

日本の国土学

大石久和

国土に働きかけなければ、国土は暮らしの安全や移動の効率も、さらには快適な環境も返してくれない。先人から営々と続くこの国土への働きかけの歴史や国土の特徴、この国土に住まうことで形成された思考や感覚の型といったものの体系を「国土学」として研究しようと考えはじめたのは、もう一〇年以上も前のことになる。国土は働きかけの度合に応じてわれわれに恵みを返してくれるが、この行為を「公共事業」としか言えないのであれば、この世界が見えてこないのである。

国土学とは何か

筆者は、長年国土計画や社会資本の整備計画、なかでも道路の整備管理などを中心に仕事をしてきた。こうした仕事をしているうちに「社会資本を計画し、整備の方針を考えるということは、どういうことなのだろう」と考えることがあった。

道路を造るためには、大地を切り土したり、盛り土をしたりして一定のレベルの高さの道路路面が連続するように整地しなければならない。また、山には穴を開けてトンネルを造って標高の高いところまで登っていかなくともすむようにもする必要がある。川に至れば橋脚や橋台を建設して橋桁を支えさせなければならない。

「これらは一体どういう行為をしていることになるのだろう」と考えたのである。道路に限らない。河川に堤防を築いたり、ダムを造ったりするときにも、同じような作業をしなければならないのだが、これは何をしていることなのか。

そして、たどり着いたのは、これらは「国土に働きかけて、国土に支えてもらったり、国土に姿を変えていただく」ということなのではないかということだったのである。これを、公共投資や公共事業などという言い方をしているだけでは、見えてこない世界があるのではないかと気付いたのだ。

経済学的には、フローの表現でしかない言葉である「公共事業」という言葉だけを使っていたのでは、国土に姿を変えていただいて「生活の安全や産業の効率、暮らしの快適さを高める努力」を含意した理解ができないのではないかと考えたのである。

われわれが目にする森林や耕作地は自然豊かに存在しているように見えているが、そのほとんどは先人たちの懸命の努力によって出来上がったものである。わが国の耕作地の多くは水田として利用されている。したがって、水を張らなければならないのだが、これはある区画が完全に水平に整地されていることではじめて可能となる。

自然界に完全に水平な土地などあるわけがないから、人の力が国土に加えられなければならない。道路、鉄道、河川、港湾・空港、都市などわれわれの生活に不可欠の施設群も、国土への働きかけの成果として存在している。

これらの施設を有効に利用することで、安全で効率的な暮らしや生産や物流環境を得ているし、そのことがわれわれに経済の成長力と国際的な競争力をもたらしている。

国土への働きかけなくして、暮らしも生産も成り立たない。国土は、働きかけの度合いに応じて恵みを返してくれる。長い歴史を通じて行われてきた、国土とわれわれのいわば対話によって、われわれ日本人流の文化や文明を育んできた。

この国土学の発見は、インフラストラクチャーという気付きでもある。この言葉は日本語にはない言葉で、「下の構造」とはつまり「社会を支える基礎構造」であり、これなくして個人も企業も十分に活動できないものである。

この基礎構造は、道路のようにすべての人々が利用可能で、利用者を限定することができないものであるから、ほとんどが公共が供給する財やサービスであり、アダム・スミスが指摘したように利潤動機では提供できないものなのである。

これにピッタリとした日本語がないということは、われわれ日本人は「社会の下部構造」が、暮らしには不可欠なのだとの認識を欠いてきたということなのである。

まず、国土への働きかけを述べる前提として、わが国土を概観していこう。

第4章

日本人はどのような国土に暮らしてきたのか

民族の経験が民族の個性を育てる。われわれ日本人はヨーロッパや中国の人々との比較において、何を経験し、何を経験しなかったのかを見つめるところから、「われわれはわれわれを理解でき、日本人として自律できる」のである。

その経験は、すべて日本国土上で展開されてきたから、国土の自然条件、なかでも地形的条件、地理的条件、気象的条件が日本人なるものを規定しているのである。

われわれは、この国土に暮らしているから、日本の国土など隅から隅までわかったように感じている。しかし、その国土がどのような特徴を持っているのかを理解しようとすると、ヨーロッパ諸国などの他国の国土を知らなければわからないのである。

それは、自分はどんな人間なのかを知るためには、自分以外の人間観察が不可欠であるのと同じことなのだ。

アクアラインとオーレスンリンク

過去に何度も「わが国の高速道路の㎞単価は、ヨーロッパなどに比べて高すぎる」との批判を浴びてきた。しかし、その批判者は「フランスやドイツでは、ほとんどの地域で耐震設計など不必要だ」ということをどれだけ知っているのだろうかと悔しい思いもしたものだ。たとえば地震を考慮するか否かだけでも大変な工費の差となる（図4－1参照）。

東京湾アクアラインが無駄な道路投資の典型のように批判されたことがあった。この道路はやがて首都圏中央環状道路の一部として機能するのに、ずいぶん早まった評価だと嘆いたものだった。ところがこの道路は、近年千葉側が延伸されたり木更津などの開発が進んだこともあり、最近では本線渋滞が発生するほどによく利用されている。

盛んだった批判に乗じて、アクアラインの建設費が高すぎると叫んだ評論家がいた。アクアライン（トンネル延長約一〇㎞、橋梁延長約五㎞）と、ほぼ同時期に完成したスカンジナビア半島のスウェーデンのマルメと、デンマークのシェラン島にあるコペンハーゲンとを結んだオーレスンリンク（トンネル約四㎞、人工島約四㎞、橋梁約八㎞）とは構造形式がよく似ていた。

アクアラインが約一・四兆円もかかったのに対して、オーレスンリンクでは数千億円だったことを挙げて、アクアラインの建設費は高すぎるとひどく非難した。しかし、彼は外見の構造的類似性を見て高価だと批判したのだが、以下の事情は知らないに違いないのだ。

①オーレスンのトンネルは地上で製作した沈埋函を海底岩盤上に沈めるだけで敷設できたが、

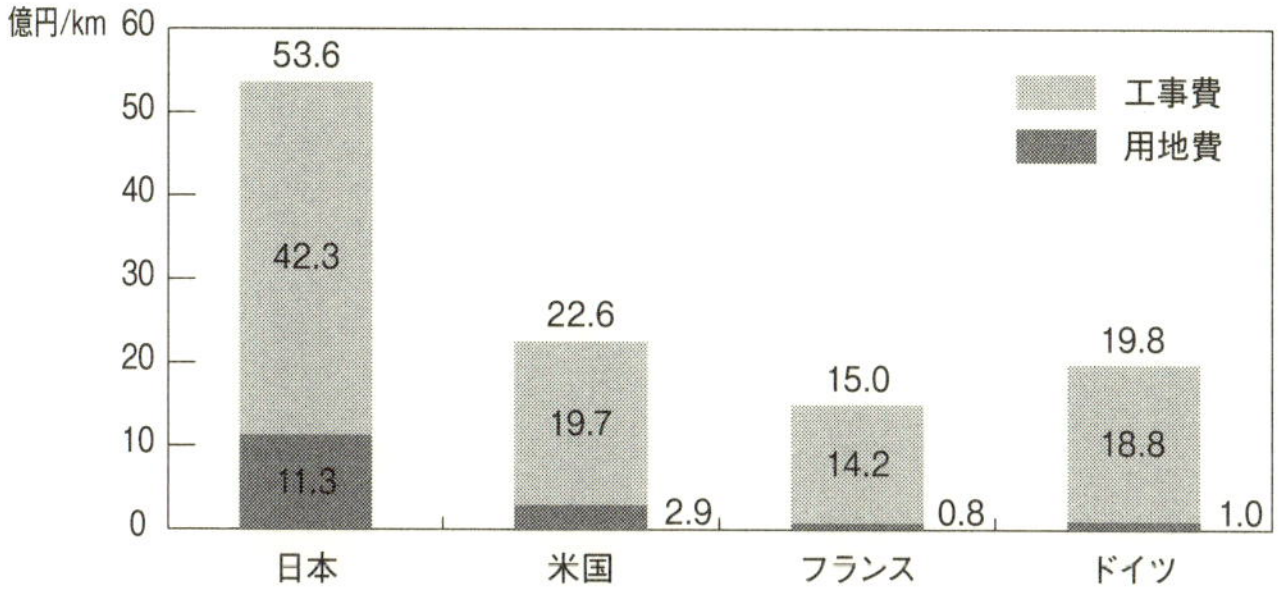

出典：日本、米国：(社)国際建設技術協会　調査資料より
仏国、独国：(財)国土技術研究センター　調査資料より
GDP：「世界経済の潮流　2005年秋：(資料2) 項目別経済統計」(内閣府)より

図4-1　各国の用地費と工事費の比較

アクアラインのトンネルは軟弱地盤をシールド工法で抜かなければならなかった。

②オーレスンの橋梁の橋脚の基礎は、海底岩盤上に置くように設置した直接基礎であったが、アクアラインの橋脚は地下深くにある基礎地盤にまで長大な杭を貫入した基礎構造を必要とした。

③オーレスンでは地震力を考慮する必要がなかったが、アクアラインでは世界でも最大級の地震力を構造計算に入れる必要があった。

これらの違いを考慮して工事積算をやってみたことがある。実際、オーレスンリンクでも外力や工法を変えるとアクアラインに近い金額になったのである。この一例だけを見ても、わが国の自然条件の厳しさには驚かざるを得ない。また、この厳しい自然条件が多発する自然災害の原因ともなっているのである。

この例でもそうなのだが、わが国では「事実をしっかり踏まえた議論」があまりにも不足している。「事実を踏まえない主張」をあまりにも簡単に流通させている。それがムードに流された議論となって増幅し、われわれを誤った方向に導いている。

われわれが経済的に競争しているヨーロッパや北米大陸、中国中原部などとの比較で、わが国土の特徴を見ると、一〇にもなるわれわれに厳しい条件が抽出される。①全国的な大地震の可能性、②厳しい豪雨特性、③細長い国土形状、④主要部が四島に分割、⑤国土を縦貫する脊梁山脈、⑥山岳が崩落しやすい風化岩で構成、⑦全体として少なく細かく細分された平野、⑧都市地盤がほとんど軟弱地盤、⑨台風の常襲と強風の可能性、⑩国土面積の六割が積雪寒冷地であるため高い豪雪の可能性、などである。

これらの条件は単独でも厳しいものばかりなのに、軟弱地盤に地震が加わるなど、それぞれの厳しい条件が重なり合うことでさらに厳しさを増している。以下では、これらを整理して簡単に紹介する。

1　国土の自然条件

①大地震の可能性

日本国土の自然条件のなかでも、最大のハンディキャップと言わなければならないのは、「国土のどこででも世界最大級の地震が起こりうる」ということである。

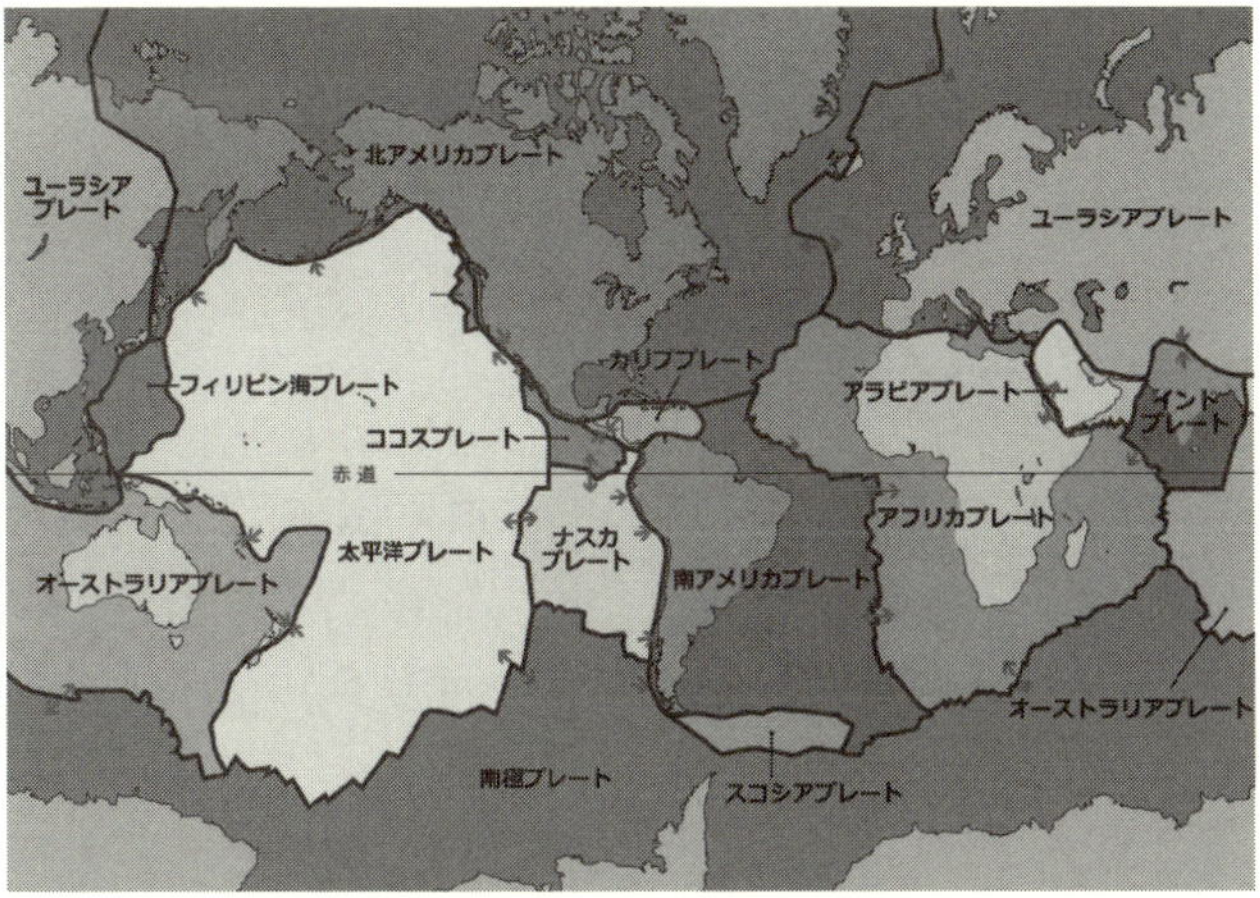

図4‐2　地球上の大規模プレート

わが国の地表面積は、世界の〇・二五％しかないが、この狭い国土の下には、太平洋、フィリピン海、北アメリカ、ユーラシアという四つものプレートがせめぎ合っている。

図4‐2は、大陸を載せているプレートの世界分布である。日本はプレート境界が錯綜しているが、ヨーロッパの主要部やアメリカなどは大きい大陸にあるにもかかわらず、一つのプレート上にあることがわかる。そのため各国の首都はプレート境界からはるかに離れた位置に存在しているが、東京はプレートの境界上に位置している。

図4‐3は、日本とドイツ・アメリカ・フランスとの地震発生の可能性の有無を地図にしたものである。アミのかかった地域では、建築物でも橋などの構造物でも、地震を設計外力として用いなければ、建設が認められない地域を示している。

わが国ではそれが全土に及ぶのに対して、各国では国土の主要部がその外にある。全土で強烈な地震

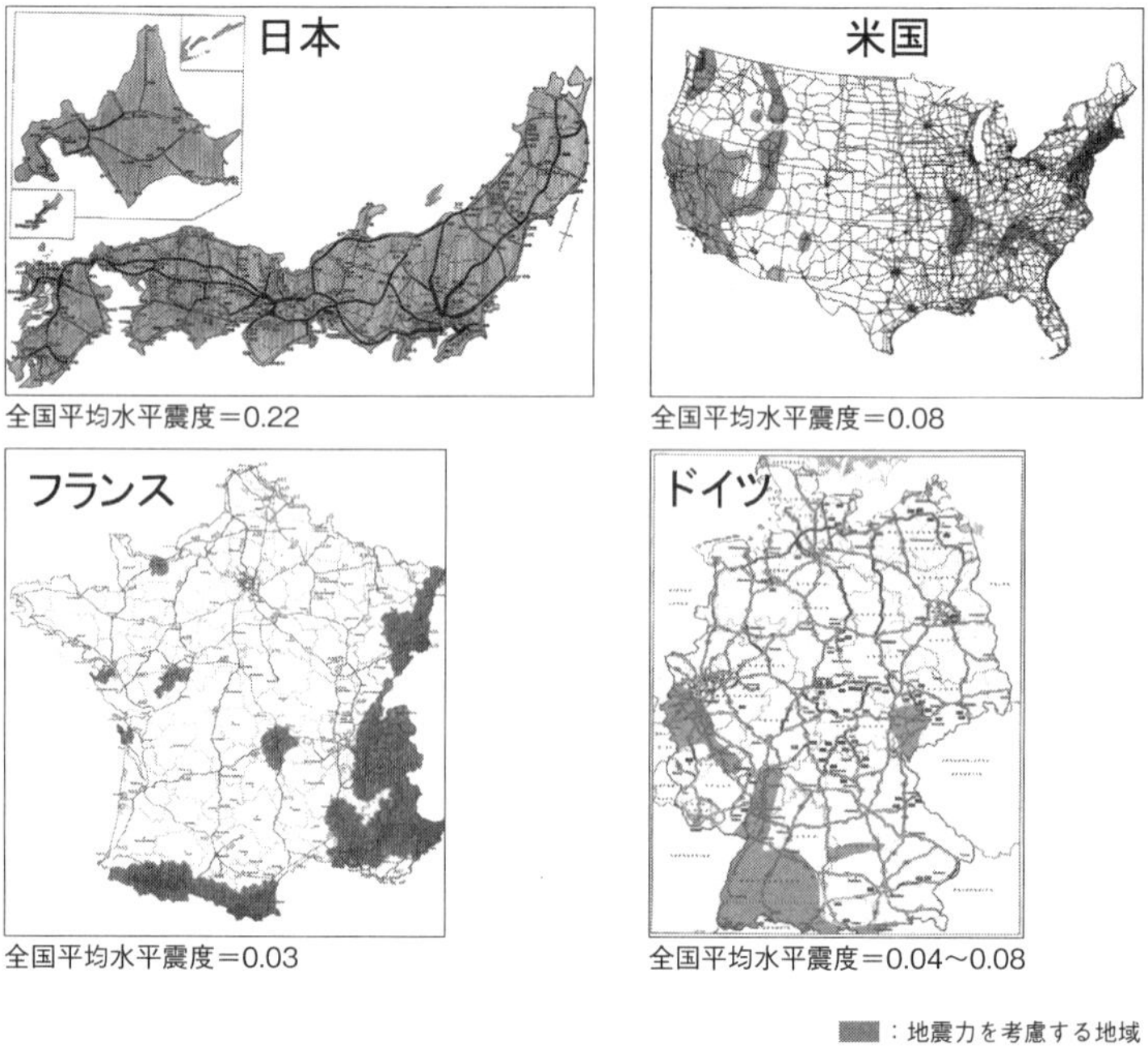

図4-3　地震力の違い

が起こりうる国と、それがかなり限定的な国という大きな違いが見て取れる。

　大地震がプレートの境目で発生することはいまや常識化しているが、なんと大変な国土に暮らしているのかと慨嘆もしたくなる。阪神淡路大震災や東日本大震災を経験したばかりだというのに、近未来には、東京直下地震や、東海・東南海・南海というトラフ連動型地震の発生も確実だと言われている。

　もし、いまの準備状況でこのような地震が起これば、日本国の存続そのものが危うくなり、世界の貧国への転落の可能性がある。内閣府は、東京直下型の地震によって九五兆円もの経済被害になると予想しているし、トラフ型ではそれが二二〇兆円に達するという。

このトラフ型地震が発生すると、GDP比で見ると一七五五年のリスボン大地震がポルトガルを世界の檜舞台から引きずり下ろした被害額よりも大きくなるし、一九三〇年頃のアメリカは大恐慌によってGDPが大幅に縮小したが、それを上回る経済的毀損が起こることになる。

しかし、パリ・ニューヨーク・ロンドン・ベルリン・モスクワをトラフ型大地震が襲ったことは過去一度もないし、地震学の知識から今後も絶対に起こり得ない。大地震の有無は、ビルなどの建築や道路や鉄道の建設を考えてみても、彼我の大きすぎるハンディキャップだと言っても過言ではない。

これは建設事業のコストを大幅に引き上げるだけではなく、設計や工事に多大な困難をもたらしているし、工期も長くならざるを得ない。

大地震は有史以来過去に何度も襲ってきて、その都度悲惨で壊滅的な被害をもたらしてきた。予測不可能な突然の地震によって多くの命を失う経験を繰り返してきたことは、現在でも日本人の自然観や死生観に大きな影響を与えているし、このことは、われわれの「起こってから考えるしかない」「あらかじめ長期的に考えていても仕方がない」といった思考癖にもつながっている。

②豪雨の集中・貯水の困難

わが国の平均的な降雨量は一四〇〇〜一八〇〇㎜で、地球の地表全体の平均が八〇〇㎜であるのに比べると、水資源が豊かであるように見える。しかし、そうではないのは、河川が急流で短く洪水を起こしやすいうえに、降雨がすぐに海に出てしまい貯水しにくいことと、降雨が梅雨期と台風期に集中する傾向があるからである。

オーダー的な表現だが、わが国のダム、堰、ため池など国中のすべての貯水施設で貯めることができている貯水総量は約三〇〇億トンであるのに対し、アメリカのフーバーダムや中国の三峡ダムでは、たった一つで同程度の貯水量を持つ。これを見ても、わが国は水資源が豊かであるとは言えず、毎年のように全国で渇水騒ぎが起きている。

前回のオリンピックが開催された一九六四年には東京は大渇水に見舞われた。その反省から、水源の水系を多摩川以外にも遠く利根川水系の上流部にまで拡大して、渇水から逃れる努力をしてきた。しかしそのようにきわめて広範囲から導水している東京でも、八ッ場ダムが未完成であったために二〇一三年にはかなり長期の取水制限があったばかりである。

一方、豪雨による災害も対応が完了したというレベルにはほど遠い。

梅雨期と台風期に集中する降雨が、近年になるほど豪雨化し集中化してきている。一時間に五〇㎜の雨が降れば、みるみるうちに道路は川のようになるし、一〇〇㎜という豪雨では、先がほとんど見えなくなる。過去の経験に照らすとこの程度の集中豪雨に耐えられる山の斜面はまず皆無と言っていい。

二〇一四年にも、高知・京都・広島・北海道礼文島などでも、斜面崩壊や土石流といった土砂災害を経験したところである。

③脊梁山脈の縦貫

ほぼ国土全体を一〇〇〇～三〇〇〇m級の山脈が縦貫して、国土を東西や南北に分断している。

先進国でこのような国土事情を持つ国は存在しない。国土を貫く脊梁山脈は、あまり指摘されることがないのだが、わが国土の著しい特徴となっており、これが国土を一体的に使うことを実に困難にしている。

また、河川がほとんどすべてこの山脈から発して、それぞれ太平洋や日本海に注ぐから、短くて急流である。豪雨特性もあって、河川水位の上昇がきわめて急激であるとともに、普段と洪水時の水位の差がきわめて大きいのも特徴となっている。ヨーロッパや北米・中国では、大河であるために水位上昇が小さいのである。

脊梁山脈は、冬には「湿気と曇天と豪雪に苦労して極端に生活不便地になる雪国」と「乾燥と晴天が続き生活利便性がまったく低下しない非雪国」という二つの地域にわが国を分断している。

東京・首都圏から向かえば、まさに「トンネルを抜けると雪国であった」と川端康成が言う通りなのだが、逆に新潟など日本海側からやって来れば「トンネルの向こうは、雪もなくすっきりとした晴天で空気も乾燥していた」となる。

シベリア寒風と対馬海流がある限り日本の冬には降雪が必然だが、脊梁山脈のおかげで生活利便が冬でも下がらないことを太平洋側に住む人々はよく理解しなければならない。

④不安定な山地の地質と軟弱な都市の地盤

わが国の国土面積の七〇％が山地であるが、この山地を構成する岩が風化しているという特徴がある。それは、わが国では氷河期に氷河が山地にしかなく融解後も風化岩がそのまま山地に止まったからである。これはあまり知られていない国土の実態だ。

ヨーロッパや北米では、厚さが何㎞にも及んだ氷河が融解期に流れ出すにつれ風化岩を押し流してしまったから、融解後には新しい岩盤が露出したこととの大きな違いとなっている。わが国の山地の風化岩は、地震や豪雨によって簡単に崩壊して、土砂崩落や土石流などの土砂災害を頻発させる原因となっている。

くわえて都市の地盤にも問題がある。わが国の大都市はすべて六〇〇〇年ほど前の縄文海進（三mほど海面が上昇していた）以降に河川が押し出してきた土砂が形成した土地に存在している。この土地は、世界の主要都市の地盤との比較でいえば、極めつきの軟弱地盤なのである。これは東京、大阪をはじめ、札幌・仙台・広島などのブロック中心都市のすべてで共通した特徴となっている。

ヨーロッパの諸都市は、ほとんどが固い岩盤に立地している。パリもロンドンも、ベルリンもモスクワも岩盤上にあるから、わが国の都市の高層ビルや長大橋では必要となる強固で地下深くに達する基礎の建設はまず不用なのだ。

ニューヨーク・マンハッタンにあるエンパイアステイトビルは一九三一年に完成したが、コンピューターもない時代にこれが可能だったのは、建設されたマンハッタン島が一つの強固な岩であったことと、地震の可能性がないために複雑な地震の応答解析をせずにすんだからである。しかし、わが国の都市には地盤が強固な岩盤である都市は一つも存在しないし、大都市ほど軟弱地盤上にあるという状況なのである。

⑤少ないうえに一つ一つが狭い平野

人が住むことができる土地を可住地と言うが、それは標高が五〇〇m以下であり、傾斜が少なく、沼沢地でないなどの条件を満たす土地である。可住地でなければ、耕作もほとんどできないし、都市も工場も建設できず、近代的な土地利用をすることができない。

日本はこの可住地が、国土面積の二七%しかなく、イギリス、ドイツ、フランスがそれぞれ八五%、六七%、七三%であるのと比して著しく少ないのである。

可住地が少ないだけでも大きなハンディキャップなのに、わが国ではそれが細かく分断されて領域の小さな可住地ばかりなのである。関東平野など、大きくまとまって使えるように見えるが、これは江戸時代の初期以降、河川の河道を固定化する事業がなされてきた結果であって、それ以前は、洪水があるたびにそれぞれの河川が好き勝手に流れたから、平野に点在する小高い土地だけが利用できていたのである。日本人は歴史のほとんどの時間をこうした小さな、全員が顔見知りであるような集落で過ごしてきたのである。

関東平野や大阪平野がまとまって使えるようになったのは、先人たちの努力の結果なのである。何千年にもわたって狭い土地に小さな集落をつくって暮らしてきた歴史的経験が、われわれのものの考え方にきわめて大きな影響を与えている。

ヨーロッパや中国では、大きな平原のなかで外敵からいつでも襲われる可能性のある環境のもとで生きてこざるを得なかった。しかし日本人は大軍が簡単には超えることができない山々に囲まれて暮らしてきたから、安全な生活環境だったのだ。それがわれわれの感覚や思考を決定的に規定しているのである。

「峠」という国字の発明

わが国はヨーロッパなどに比べ山がちの国で平野が少ないというのは国民常識となっているが、さらにハンディキャップとなっているのは、先述のように「その平野や居住可能地が細かく分断されている」ということである。

これは、ドイツ主要部が全体として一つの平原にあり、それはフランスも同様だし、イギリスに至っては全土が平原といえるほどだとかいう特徴に比べて、著しい差異となっている。

わが国には、比較的大きな水系である一級水系が一〇九、やや小さな水系である二級水系が二七一四もある。ということは、大きな分水嶺が一〇九、小さな分水嶺が二七一四もあるということであって、これらの多くの峰によって国土は分割されていることを示している。ちなみに、たとえばフランスでは大水系はせいぜい七水系程度にとどまることを見ても、わが国土の特異性がわかるというものである。

江戸時代中期には、集落の単位であった村は全国に六万五〇〇〇くらいあり、四〇〇人規模であったと研究されている。また、明治になったときの全村数は七万ほどであったとの記録もある。村は自治単位であり、村役人を中心とした合議制で物事を処理していたのである。灌漑を必要とする水田耕作では多人数での共同作業は不可欠であったから、村のまとまりはきわめて重要であった。

このような村々が小さな平野ごとに分散していた社会では、平原が延々と続く連続した居住地の世界とは異なり、山の向こうの社会に対する好奇心や関心は大変に大きなものであったと考えられる。その関心が、「とうげ」という言葉を必要とし、中国の漢字にはない「峠」という文字を日本人に発明させることになった。

われわれの山々に分断された小集落生活が、中国人が必要としなかった「とうげ」という概念を必要としたのである。この概念は英語にもドイツ語にもないのである。ところが、われわれが手にする国語辞典のほとんどが「峠」を次のように説明している。

『(「手向け」の転)通行者が旅路の安全を祈って道祖神に手向けた所の意(これは国字)』という解説がまずあって、それから、「尾根の鞍部を越える山道を登り詰めたところ」などという説明となっている。しかし、この解説はたぶん間違いなのだ。

その理由は、「手向け」からの転というのなら、「とうげ」に至るまでの遷移語の記録がなければならないというのが一つ。「とうげ」になる直前の型だが「たむけ」から変形したと言える言葉が残っていなければならないが、それはどこかの古文書に本当にあるのだろうか。

さらに、なぜこの漢字が国字なのかが説明できていない。中国人は日本人よりはるかに広範囲に移動した民族であった。移動に際して山道の鞍部に来れば一休みしたりしながら、新たに入っていく地域に興味を持ったりしたはずだ。なのに、この言葉を持たなかったのはなぜなのか。それは、大平原の中原を中心に暮らしてきた大多数の中国人は、山の向こうへの憧憬や畏怖を込めた「概念」を必要としなかったからなのだ。

朝鮮語には、峠の概念を持つ［コゲ（goge）］という言葉がある。日本と同じように山がちな朝鮮半島では、峠という言葉（＝概念）を必要としたのだ。この音がわが国に伝わり、日本人が峠という漢字を発明してこの音に当てたに違いない。ほとんどの国語辞典が「手向けの転」と記して平然としているのは実に不勉強な話だと考えている。
比較的最近まで、生まれた集落から一生に一度も出たことのない人たちがいた。たまにやってくる旅人から山の向こうの珍しい話を聞いて、どれだけ好奇心をかき立てられたことだろう。その思いが峠概念の発明となったのだが、辞書作者は怠慢を決め込んでいる。

⑥長く複雑な海岸線と細長い弓状列島

かなり昔のことだが、NHKが「ぐるっと海道三万キロ」という番組で全国各地の風光明媚な海岸を紹介していたことがあった。この三万キロという海岸線延長はアメリカと同程度だといわれる。国土面積がこれだけ異なるのに海岸延長が同じであるということは、きわめて複雑に入り組んでいることと国土が大変に細長いことを示している。

このことが、ヨーロッパ諸国に比べるとわが国の都市間距離が長くなっている原因にもなっている。人口が減少すると各地にフルセットで住民サービス施設が設置できなくなり、都市と都市、地域と地域がそれぞれの個性を発揮しながら連携していく時代となると、都市間が情報通信と交通で結ばれていなければならないが、わが国のきわめて細長い国土という条件はかなり不利となっている。

国土の輪郭の複雑さを示すのに、「地形の複雑度」という指標を考えたことがある。これを「面積に対する周囲の長さの比」と定義し、これの大きさで地形の複雑さを判断してみようとしたのである。

真円を一とすると、簡単な計算で正方形は一・一三、正三角形は一・二九となる。実際の国土にあてはめて計算すると、フランスでは二・〇八、ドイツは二・九一となった。ところがわが国は、なんと一五・六にもなって、真円の一五～一六倍もの複雑な輪郭、つまり出入りの激しい海岸線を持つことが指標化できたのであった。

複雑で風光明媚な海岸が多いことは日本の財産なのだが、それはまた国土利用という観点からは大きなハンディキャップなのである。

⑦四つに分かれた国土

国土の主要部分だけでも四つに分かれ、一九八八年に至ってはじめて一体化が完了したという不便さである。この年に、北海道と四国がそれぞれ鉄道トンネルと道路橋で結ばれたのである。しかし、全国の多くの海峡部はいまでも災害時には通行遮断の可能性があるという脆弱性を抱えたままなのである。

これは、ドイツ・アメリカ・フランスなどの先進諸国が努力を必要とすることなく、また地域間連絡の脆弱性を抱えることなく、国土を一体的に使うことが可能となっているのと著しい違いとなっている。

本四架橋

本州と四国の間を橋で結びたいというのは戦前からの悲願であった。気象状況に左右されず、本州に渡りたいというのが四国の人々の長い間の念願であった。

一九四五年一一月、敗戦直後のこの時期に「第十東予丸」事故が西瀬戸で起こり、死者行方不明者三九七人という大惨事となった。またこの一二月には東瀬戸で「せきれい丸」事故が発生、ここでも三〇四人の死者行方不明者が出てしまった。

多くの人々の涙を誘ったのは一九五五年五月の「紫雲丸」事故であった。修学旅行生を含む一六八人もの命が失われたのである。この事故を契機に、本四間の架橋問題は一挙に政治上重要な政策課題になったのだった。

一九六九年には、新全国総合開発計画に三ルートの建設が記され、一九七〇年には本州四国連絡橋公団が設立された。高度経済成長の波に乗って、三ルートを一挙に建設することとし、一九七三年一一月には全ルートで起工式を行うこととした。

しかし、この年の一〇月に発生したオイルショックのために総需要抑制策が決められ、すべてが着工延期となった。その後、一ルートだけは造ろうとか、他ルートのなかで地域開発効果の大きい三橋だけは追加するなど、紆余曲折を経て、ついに一九八八年四月、児島・坂出ルート（瀬戸大橋）が全線開通することとなり、戦前からの悲願が達成されたのであった。

一九九八年四月には、明石海峡大橋が開通して神戸・鳴門ルートも完成した。一九九九年五月には、一部島内の道路整備が残ったものの尾道・今治ルートも完成して、本四三ルートは概成したのであった。

しかし、本四架橋は逐次架橋していけばいいのに三ルート同時着工しようとしたことや、四〇〇万人の四国に三ルートも整備することなどが、大きな批判を浴びてきた。ある評論家は、無駄な公共事業論を展開するにあたって、「具体例を挙げればそれは本四架橋だ」と断言したくらいであった。

このように本四架橋は無駄の見本のように喧伝されてきたから、本四連絡橋の効果には著しいものがあるのにあまり知られてはいない。一九八五年から二〇一四年までの間に、全国の交通量（高速道路＋一般道路の昼間一二時間の交通量）は約一・四倍に伸びたのだが、四国と本州の間の交通量は約三・二倍にも伸びている。

安定的で信頼性の高いネットワークが整備されたことで、本四間の人や物の流動が拡大し経済が活性化したのである。これを貨物の流動量で見ると、先ほどと同じ期間で四国と全国の流動量は約二・六倍にも増えたのに対して、全国同士では約一・二倍にしか増加していない。本四道路が四国を活性化したことは、これらの事実で疑いようのないことである。

地域別総生産の伸びも、四国は一・五六となって全国平均の一・五二を上回っている。

本四の道路や橋梁は当初公団が管理していたが、現在は、本州四国連絡高速道路株式会社が管理している。本州四国連絡道路は現在順調に過去の債務の返済ができており、つまり健全に運営されている。

このように、どの観点から見ても「本四連絡事業」は大成功だったと言えるのである。本四架橋は昭和のバカ査定だったと言った人は、考えを改めなければならない。紫雲丸事故はもう二度と起こらないのである。

⑧河川の氾濫原上の都市

わが国の特に大都市は、六〇〇〇年ほど前の縄文海進以降に河川が押し出してきた土砂が形成した土地のうえに存在している。岩盤上に存在するヨーロッパの諸都市とは異なり、ここは極めつきの軟弱地盤なのである。

わが国ではビルを建てるにしても橋を架けるにしても、強固な基礎構造を建設しなければならないが、パリもロンドンもニューヨークもそのような必要はないのである。

おまけに、平野形成の歴史からも明らかなように、これらの都市部はほとんどが洪水時には水没の危険がある氾濫原なのである。大きな洪水が起これば都市機能がマヒする危険があるし、近年地下鉄を始め地下利用が進んでいるため昔よりも危険が拡大しているのである。

⑨強風の常襲地帯

時速にして一〇〇km/hという強い偏西風が大陸から常時吹いているために、北上してくる台風のほとんどが沖縄付近まで来ると、不思議としかいいようのない感じで日本列島に沿うようにカーブする。そのため、わが国は瞬間最大風速五〇〜六〇mという強風の常襲地帯にある。

図4-4は、近年で最も上陸台風の多かった二〇〇四年の台風の軌跡を示したものである。北上

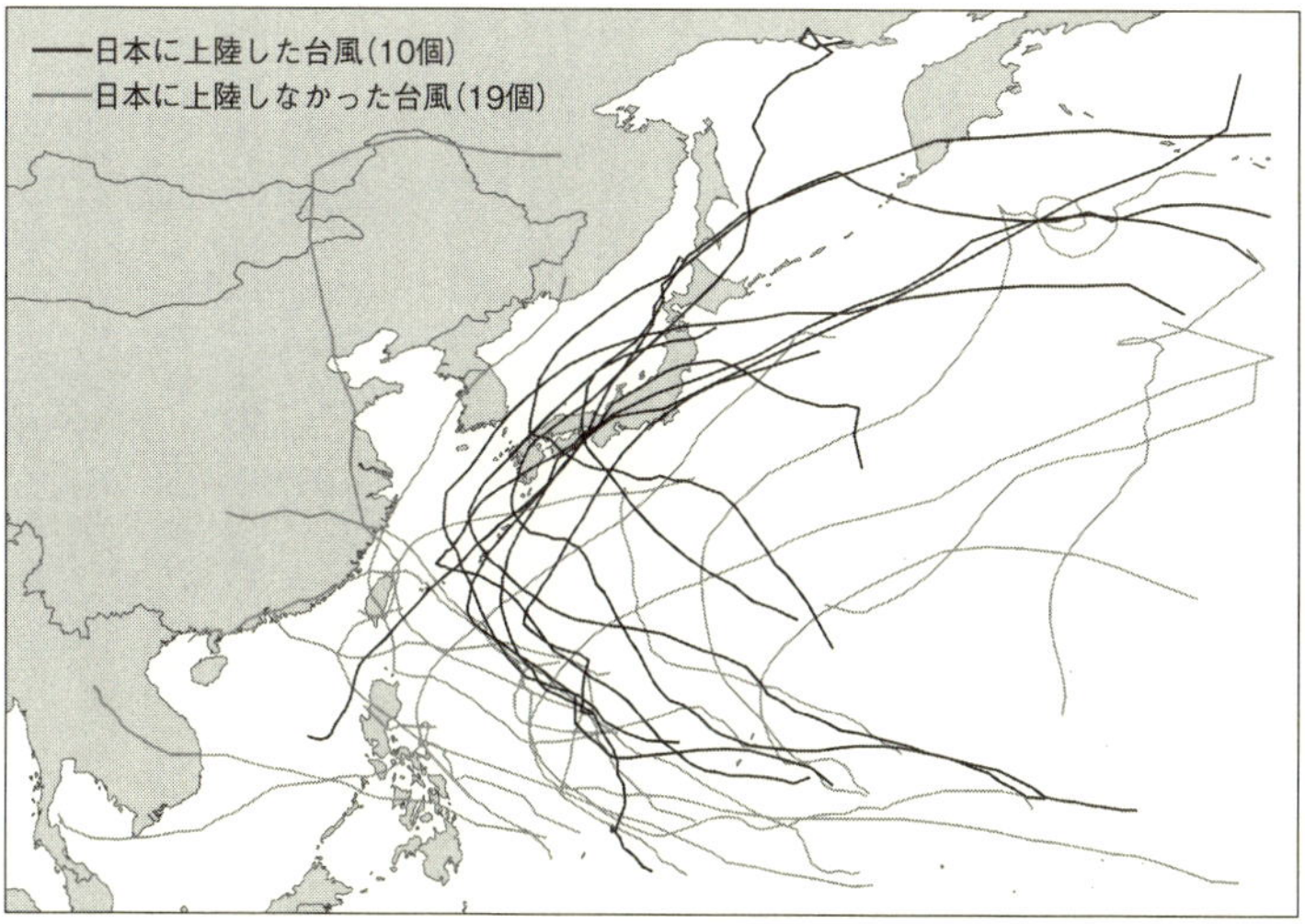

図4-4　2004年に発生した全台風の軌跡図

してきた台風が沖縄を過ぎるあたりから、急に北東に向きを変える様は不思議とさえ感じるほどである。

日本上空の偏西風は、ヒマラヤ山脈などの影響もあって分流したり合流したりと複雑な動きをしており、そのため日本近傍の天気予報は世界的にも難しいといわれている。

アメリカも東西ともに強風の危険があるが、ヨーロッパの平野部ではほとんど強風の心配がない。わが国では、吊り橋やタワーなど、スレンダーな構造物の諸元を規定する支配的な外力は、風加重（風による振動を含む）なのである。

⑩広大な豪雪地帯

わが国土面積の六〇％が積雪寒冷地域である。そこには生活をマヒさせる豪雪の危険がつねにある。わが国より寒冷地に大都市が存在する例は、ロシアやカナダなど各地にあるが、年間の降雪量が四ｍを超えるところに、人口五〇万人もの都市が存在する例はない。

地球温暖化の影響からといわれ降雪の少ない年もあったが、最近では豪雪中心が北上して、青森や北海道では観測史上最大規模の豪雪が毎年のように観測されている。かつての冬ごもりの時代とは異なり、冬でも活発な活動を続けなければならない現代では、雪の存在は生活や産業活動にとって大きく厳しい条件であり続けている。

2　国土の社会条件

国土への働きかけを行うその対象の自然条件がいかに厳しいかを見てきたが、実は社会条件というべき困難な条件も存在する。ここでは簡単に紹介したい。

①絶対的土地所有観

わが国の人々の土地所有意識はヨーロッパなどとは大きく異なっており、私的利用に絶対優先権がある。これは、明治六年に地租を導入したときに、土地にかかる税の性格が、「土地の耕作者が収穫高に応じて税を負担する」という年貢性から、「土地の所有者が土地の交換価値に応じて税を負担する」という市場価値性に変わったことに由来する。

同様のことは、ヨーロッパなどでも近代的土地所有に変わったときに起こっているのだが、そのときヨーロッパでは入れることができた「公益に反しない限り」とか「公益優先使用権」といった概念を入れることができなかったのである。

ドイツ憲法は「所有権は義務を負う」と規定するが、この感覚はわれわれの所有観一般に欠けているし、ましてわれわれの土地所有意識には存在しない。このため、用地取得ができれば、その事業は完成したも同然というほどに、土地の取得に大変な時間と労力が必要となる。

国土への働きかけの前さばきが、この国ではなかなか容易ではないのである。

東九州自動車道

北九州と鹿児島を大分・宮崎経由で結ぶ東九州自動車道が順次供用されていき、あとわずかな区間が完成すると全線が整備されることになる。北九州・福岡から熊本を経由する西回りの九州縦貫道は早期に供用されて地域の発展に寄与してきたのに比べ、東九州地域は大きなハンディを背負ってきたのである。

九州縦貫道はえびのＪＣＴから宮崎線と鹿児島線とに分かれるが、全線開通が一九九五年七月であったから、縦貫道に比べてこの東回りの東九州道は二〇年も遅れたことになる。

大分・宮崎方面は在来線の日豊本線でも鹿児島本線とはかなり差のついたダイヤ編成だったし、近年では鹿児島まで新幹線が整備されたが、東九州の計画は凍結状態だ。このような交通路の未整備は九州の東西格差を拡大している。

地方は総人口減少時代に入ったにもかかわらず、東京一極集中が続いていることもあって自然減に加えて社会減が続いている。交通条件が整い産業が活発であれば、社会減は少なくてすむのだが、条件不利地域は減少が大きくなるのは当然である。

二〇一〇年から二〇一三年にかけての各年ごとの人口の社会増減率を九州各県で見てみると、福岡県は+一・八、+一・七、+一・六と推移してきているが、佐賀県は-一・四、-一・七、長崎県は-三・一、-三・五、-三・九と大幅に減少している一方、熊本県は-〇・四、-〇・八、-〇・八と比較的健闘していると言える。

ところが、大分県は-一・二、-一・五、-二・二、宮崎県は-一・一、-一・八、-二・一と、いずれも熊本より減少率がかなり大きいのである。ちなみに、鹿児島県は-〇・九、-一・八、-二・二と推移している。

長崎の人口減少は全国第一位級だが、大分・宮崎の減少も大きい。熊本よりも雇用の場が少ないからだ。そこで野菜や果物の出荷状況を見てみよう。端的に言えば、熊本は九州縦貫道で阪神や京浜の市場と結ばれているが、宮崎からは信号機だらけの一般国道を経由しなければ阪神や京浜にたどり着かない。

決められたセリの時間に間に合わなければほとんど価値がなくなる生鮮食材を、到着時間がぶれる一般国道で延々と運ぶのは難しいから、高速道路による東京直結は不可欠だ。

この傾向が顕著な例は、「スイカ」や「トマト」である。なんとこれらの東京市場第一位は熊本産なのである。熊本のスイカやトマトは東京で強い競争力を持っている。東京には、よい品質にはカネを惜しまない人々が大勢いるから東京で売れると利益が大きい。

そのために全国各県は産品を東京に送りたいのである。熊本スイカは一〇九一トンも東京に来るのに宮崎スイカは一トン以下だし、熊本トマトは一四五〇トン東京に来るが、宮崎トマトはわずか二二トンと一・五/一〇〇程度でしかない(二〇一三年東京卸売市場)。

東九州地域の人々が、東九州道路によって熊本と同じ条件下で競争したいという気持ちが痛いほどわかる数字である。また東九州道などによって産地間競争が促されると東京人の商品選択肢が増えるから、最も利益が集積するのは東京なのである。

社会を下から支える基礎構造である道路などを「インフラストラクチャー」と呼び、その上に上部構造としての「私的な空間や時間」が成り立つが、このインフラ概念をこの国ではほとんど欠いていることは何度か指摘してきた。

東京新聞は二〇一五年七月二六日、東九州自動車道への用地提供を拒否している人を取り上げ、「行政の暴力屈しない」「道路は後世にツケ・闘争続ける」と見出しをつけた。この反対のために全線供用によって得られる利益が年単位で先送りとなった。椎田南〜宇佐間の道路に必要な用地の一一五三件が取得されたにもかかわらず、これだけの用地提供者の協力がたった一件の反対者のために実を結ばないのである。また、一件の用地を残したままで工事を進めなければならないため工事費等の増額は約四億円にも達することになる。

道路は後世にツケとなると考えるのは自由だ。しかし、この道路で東九州地方の発展・経済的振興を図りたいと考えるのも自由なのだ。用地を提供し道路によって地域の発展を願う圧倒的多数のための行政行為のどこが「行政の暴力」と言えるものなのか。

民主主義の根幹は「最大多数の最大幸福」である。この原則を踏みにじっては民主主義は成り立たない。また、民主主義は言論の自由とともに移動の自由が支える。

反対者を英雄のように報道した東京新聞は、東京で首都高速道路の中央環状線が完成して都心の首都高速や街路の渋滞が大幅に緩和したことや、新宿方面から羽田空港へのアクセスが時間・

信頼性ともに大きく改善されたことは知っているはずだ。

この道路も少子化時代には将来へのツケとなるから建設すべきではなかったと主張するのか。われわれは「今を生きている」のである。この瞬間にもドイツやアメリカなどと経済的に競争したり、国内流通の改善を受けて販売圏を拡大したりして生きているのだ。

同じ時期にBS・TBSも彼を丁寧に取り上げた。このように見てくると、これらのメディアはインフラの効用やインフラという概念がまったく理解できていないし、地方の苦しみにも思いが至っていないと言わざるを得ない。

②地籍の未確定

地籍とは文字通り土地の戸籍であり、地籍が確定しているとは「ある区画の土地の所有者・地番・地目・境界・面積」が明確になっていることをいう。この地籍が、世界の先進国では一〇〇%確定しているというのに、わが国は唯一きわめて確定率が低いのである。

全国平均で約五〇%というのも情けないのだが、大都市や山林で特に低くなっている。このため、何か土地にからむ事業をしようとすると、隣地間の境界争いを処理してからでないと何もできないことになる。実態的には、道路などの公共事業が「地籍確定事業」と化している例も多いのだ。

この地籍の未確定は、公共事業に費用と時間がかかる大きな理由となっているし、災害時の対応を著しく困難にしている。また、企業の投資意欲にも影響を与えているに違いない。

③土地の細分保有

わが国の土地はきわめて細かく区切られて所有されており、そのため地権者も多い。土地の最小単位を「筆」というが、日本は全国に二億筆も存在する。フランスは日本の一・五倍もの面積を持つがその筆数は一億筆、ドイツは日本よりやや小さいが六〇〇〇筆となっている。

その結果、フランスのシャルル・ドゴール空港は三〇〇〇haもの広さがあるが地権者はわずか一〇人程度だったといわれるのに、わが国の成田空港は一〇〇〇haしかないのに一〇〇〇人を超える地権者がいたのである。

用地取得に要する時間と費用は、地権者の数に大きく左右される。絶対的土地所有意識の強いわが国で、厖大な数の地権者から用地を取得するのは容易なことではない。

ところで、フランスのパリとリヨンの間には、初期に建設されたTGVが走っているが、ほとんどの区間で低盛土の上に線路が乗っている。日本との違いを不思議に思わない人も多いが、わが国の新幹線はその下方に四〜五mの空間が確保できる高さで走っている。それは、新幹線を横切る横断交通が多いため自動車が走れる空間を空けておかなければならないからなのだが、これは土地の細分保有から来ている面が大きい。

このことは新幹線や高速道路の建設費が、わが国では相当に高くなることを示している。わが国では構造物によって高い位置に線路を設置しなければならないうえに、フランスではほぼ全国で考慮する必要がない地震外力を考えなければならないこととあわせて、kmあたり単価など事業費に大きな差が生まれる理由となっている。

第5章

この国土にわれわれはどう働きかけてきたのか

1　豊葦原瑞穂の国

せいぜい一万年前くらいから形成されてきた沖積平野（河川の堆積物が形成した平野）で平均雨量が世界の二倍に達するという環境は、米の生産にとっては実に望ましいものだった。縄文時代にも栽培の萌芽はあったことは青森県の三内丸山遺跡から見つかっているが、本格的な栽培は縄文末期から始まった米作である。

米栽培の初期には自然の湿地を水田として利用する程度だったことは佐賀県の菜畑遺跡などの調査から明らかになっているが、やがて人工的な水田の整備が始まった。この事業はすぐに全国に波及し、わが国の水田整備は弥生時代の末期には、本州の北端にまで至ったという。

これに並行して灌漑技術が発達してきた。鉄器の伝来や人々の集団形成が進んでくると、工具の開発と集団力によって用水や灌漑の事業が行えるようになってきた。とは言っても、小河川に手を入れることができる程度だったから、使える水も少なく干魃にも弱かった。

そこで朝鮮半島伝来の技術も用いて「ため池」が発明された。古墳時代と言われる時代は、古墳という大規模な土木工事が行える技術を獲得した時代だが、その技術はため池築造に用いられた。大阪の河内平野には膨大な数のため池がこの古墳時代に整備されたのである。古事記などには、この時代の何代にもわたる天皇がため池造りを命じ、その結果地域の安寧がもたらされたとの記述が続いている。

このように、天皇への権力集中と並行するように大土木工事が実施され、米の生産の安定に寄与したのである。いかに米作生産が向上したかは、この時代に造られた「仁徳陵」や「応神陵」の規模でもわかる。

これらの大規模な御陵は、何千人もの人々を何年にもわたって農業生産から切り離してでも、食べさせることができるだけの米作生産余剰を持っていたということの証である。

このように、近代的土地利用には「軟弱地盤で河川の氾濫原」であるわが国の平野はきわめて使いにくいのだが、米作という意味では理想の大地なのであった。昔の人がこの大地を「豊葦原瑞穂の国」と呼んだ通りなのである。

わが先人たちは、ため池整備による最初の列島改造に成功したのだった。

2　条里制・口分田と七道整備

大化の改新という一連の改革を経て、わが国は律令によって国家としての統治組織を整備していった。税制や身分制度を整えたのだが、それを可能とするための国土整備、国土への働きかけを大々的に行ったのである。

それは最も大切な税であった米の収穫に関わる「租」という税収を保障する仕組みと事業であった。仕組みとは納税者を特定するための戸籍制度と班田収授法であり、事業とは条里制・口分田と七道の整備である。

朝廷政府は、班田収授法を決めれば「租」が税収として自然に上がってくるなどとは考えていなかった。税金が上がってくるためには、「税の負担者を特定」し、「税を払うための耕作地」を分け与えなければならないことをよく知っていたのだ。

社会の基礎構造は「制度」と具体の「装置」からなることを熟知していたのだ。今日でも、法は整備したけれども県や市町村の実行力がともなわないために実効が上がらないといったことがまま生じているが、朝廷政府はそのような愚をおかしてはいない。

今でもごく一部の記録が残っているが、支配地域の隅々に至るまで調査して戸籍を確定していったし、当時の耕作地になり得る土地のすべてと言っていいほどに条里制を敷き、口分田を整備したのである。

戦後の耕地整理などでかなり痕跡が消えてしまったが、全国的にかなりの条里制遺構が残っている。条里制は、これも全国に向かって整備された東山道・山陽道などの官道を始点として左右に展開・整備された。

この官道は長い間大した道路ではないと考えられていた。それは江戸時代の最も重要な街道であった東海道ですら、線形が悪くカーブだらけだったし、道路幅もせいぜい五m程度であったからである。江戸時代を千年も遡る昔に、江戸時代以上の道路整備がなされたなどということは、時代が下るにつれて進歩・進化するとした歴史観からは理解できないことだった。

ところが近年の発掘調査の結果、大和朝廷時代の官道は、「きわめて直線性に富み、幅員も巨大な道路」だったことがわかってきたのである。九州の西海道では、佐賀県下に一七kmもの直線区間が見つかったし、関東の東山道遺構は幅員が一二mにも及ぶものだった。

武部健一によると、七道駅路の総駅数は四〇二、総延長は六三〇〇kmに及んだという（『道路の日本史』中公新書）。高速道路の総延長は、二〇一五年現在でも九〇〇〇km程度（一般国道の自動車専用道路は除く・一〇〇km／hで走行可能な本来の高速道路タイプ）であるから、官道整備のすさまじさが実感できるというものだ。

条里制と官道整備の実態を考えると、この時代は国家をあげた列島改造時代だったと言って過言ではない。これらの整備のためには厖大な人員が動員される必要があった。そのための資金や食糧の調達などを考えると、これらの遺構は大和朝廷が強力な権力を掌握していた証拠なのである。

この政権は中国の律令制度を形式的に導入しただけのひ弱な政権だったのではないかとの説もあったが、決してそのような軟弱なものではなかったのだ。

官道ロマン

かなり前のことだが、ＮＨＫのＢＳ放送の番組「古代日本のハイウェー～一三〇〇年前の〝列島改造』で、昔の官道の様子が紹介された。何と現在畑になっているところに、大和朝廷時代の官道が現れることがあるというものだった。官道の端部は現在の道路と同じように側溝が掘られていたから、やや厚く土が覆っている。

そのために雨上がりの日に、土の厚い両端だけが乾ききらないために、黒い二本の直線がかなりの幅をもって現れることがあるというのだ。この幅は、もちろん場所によって異なるが、すでに紹介したように九m～一二mくらいあることが多く、だいたい三mの倍数になっているのが何とも面白いのは、現在の道路の一車線分もほぼ三mだからである。

稲を刈り取った後の現代の田に、千年以上も昔に造られた道路が姿を現すなど、ビックリもいいところだが、NHKの画像はしっかりと古代官道跡をとらえていたのだった。

現在の高速道路が、東山道、東海道、山陽道などの官道とほぼ同じ場所を通っているという歴史的な不思議さに最初に気付いたのは、道路公団などで道路の計画や整備の実務にたずさわっていた武部健一だった。このことは、わが国では広幅員で直線性に富んだルートを設定できる場所が、きわめて限定されていることを示している。

たとえば、大阪と名古屋を結ぼうとすれば、現在名神高速道路のある関ヶ原経由のルートと、名阪国道のある亀山・天理のルートに限定される。新名神高速道路は、その中間点を通っているが、トンネルを多用した構造になっており、機械土工ができなかった昔には引けないルートだった。

名古屋から関東に向かうのに、海側ルート以外の路線を探すのもなかなか難しい。ほとんど木曽谷に入るか、少し先の伊那谷に入るかしかないといっていい。そのため、木曽谷には、中央本線も国道一九号も中央高速道路も通っているのだが、豪雨などの災害多発国なのに、増水や斜面崩壊といった災害によって交通遮断が起き、国土の脆弱性を増加させることになってしまうのである。

建設機械が一つもなかった時代に、全国にまっすぐに伸びる幅の広い道路ネットワークを構築した古代人の情熱には驚かされるばかりで、大変な数の人々が強制的に動員され苦労したことだろうとの思いを禁じ得ない。

ところで、単に利用目的ならこのような規格の道路は必要なかったはずだが、なぜ大和朝廷はこのように造ったのか、諸説あるようだがこの謎も古代ロマンの一つである。

3　荘園と大名の領国経営の時代

やがて律令国家が衰えて公地公民制度が崩壊し土地は私的に所有され、全国に武士が台頭してくる時代になると、全国一律的な国土整備はもはや行われなくなり、その代わりに各地を支配した人々による領国経営時代となった。まずは荘園領主による開墾時代の始まりである。

中央から実際に現地に赴いた国司の時代から、都を離れるのをいやがった貴族が遥任といって代理のものを派遣して収益の受領だけを求める時代となると、現地の独立性が強まるのは当然のことだった。こうして荘園は地元の意向を踏まえた寄進地系荘園と変化していった（近年では、この名称について多くの異論が出ている）。

こうした寄進地系荘園において開発が進んだのである。名目的に大きな権力を持つ寺社などに寄付をしたことにして、他からの干渉を避けて領有権を守った真の荘園領主が開墾に熱心だったのは、それが利益に直結したからである。

平将門の乱などを契機に武家が領国経営権を確立する時代になると、彼らもまた領国を熱心に開発していく。しかし、戦乱への備えが何よりも優先されたから、大規模な開発はあまり行われなかった。

その後、彼らが戦国大名になる時代が来ると、武田信玄の信玄堤と呼ばれる河川堤防整備や棒道という部隊移動のための直線道路整備などがよく喧伝されるが、これも領地が安定せず戦闘を繰り返していたため、多くの事績が残っているわけではない。

しかし、限られた人的・資金的資源を用いてではあったが、領地の生産性向上のための「国土への働きかけの努力」を欠いていたわけではないことは認識しておくべきなのだ。

関東一円を駆け巡った平将門

京都の公家たちが政治を仕切る摂関時代から、地方に武士たちが興隆しそれぞれの地域を治める分権型の武家時代が始まる頃、関東では「平将門の乱」が起こった。

将門は新帝を称したため朝敵とされたりするなど、時代によって評価はまちまちだが、関東各地には多くの将門伝説が存在しているし、江戸・東京にも神田明神や首塚など将門ゆかりの施設がある。また、ＮＨＫの大河ドラマで取り上げられたこともあった。

ここで紹介するのは、将門がいかに短期間に関東を駆け回ったかということである。将門の活動は反乱以前からあるものの、反乱そのものは、九三九（天慶二）年一一月に始まり、翌年の二月には終了したというきわめて短時間の事件だった。

この短い期間に、将門は常陸国府、下野国府、上野国府、武蔵国府、相模国府、下総国府と転戦した。現在のような高速道路もなく舗装された国道もない時代に、大勢の武装した武士たちが、これだけの距離を短時間に移動できたのはなぜなのだろう。

古代官道は幅員が広いことや直線性に優れていることが、最近の発掘によって明らかになってきたことはすでに紹介した。近江俊秀氏は官道の利用が当時の社会を変えてきたことに着目し、「道路は社会をどう変えたのか」という観点から、『日本の古代道路』（角川選書）を著した。

彼によると、これだけの長距離の短時間移動が可能だったのは古代官道が整備されていたゆえだと言うのだ。もう将門の時代には、公地公民の制度は大きく崩れており、その制度を支える官道の管理にも十分な手が回っていなかったに違いない。しかし、それでも彼が関東で暴れ、駆け巡ることができるくらいには残っていたのだ。

この反乱以降、班田・口分田は消えて公家の時代が終焉し、武士の存在が公認されるなど、武家中心の時代が本格的に始まったのだった。

移動の容易性をもたらした道路が、将門の乱を通じて新たな時代を切り拓いたのである。

4　幕藩大名の領国開発

戦国時代が終わって江戸時代となり、大名が戦いに備える必要がなくなるとともに領国の経営に精力を注がなければならない時代に入ると、全国的な大開発時代が始まった。

江戸時代の初期は「国土への働きかけ」が爆発した時代とも言えるほどだったのである。戦争といううっとうしい重しがなくなって、経済成長にまっしぐらに進んだ第二次世界大戦後の状況に近いかもしれない。

何しろ江戸時代が始まって一〇〇年間ほどの間に、概数的な表現だが「耕地面積は一〇〇万町歩から三倍の三〇〇万町歩」となったから「石高も同様に増加」し、それにともなって「人口は約二倍となって三〇〇〇万人」にと急増したのである。

まさに高度経済成長時代であったわけであり、この経済成長のもたらした精神の高揚が元禄文化を生んだのである。一六〇〇年代の終わり頃という、江戸時代の始まりの時期に今日江戸文化と呼ばれるほとんどの文化が誕生した。

この元禄文化を担った人々の名前を見るだけでも、驚くばかりの大変な時代だったことがわかる。若干の時間の前後はあるがランダムに列挙すると、松尾芭蕉・竹本義太夫・近松門左衛門・坂田藤十郎・市川團十郎・中江藤樹・熊澤蕃山・山鹿素行・荻生徂徠・伊藤仁斎・関孝和・貝原益軒・尾形光琳・俵屋宗達・菱川師宣・土佐光起・野々村仁清・尾形乾山など、そうそうたる顔ぶれである。これらの天才が各分野で新たな文化を創造していったのである。

これは殺伐とした戦国時代の雰囲気が徳川綱吉時代あたりでほぼ消え去ったことと、各地の新田開発などによって、収穫石高が増加し人口も急増したという「時代の興奮」が生んだものなのだ。

実は江戸時代になってはじめて、大河川の流路の付け替えや改修に着手することができたのだった。それ以前には、技術力や組織力が十分ではなかったから、中小河川には改修の手が入っていたが、大河川にはふれることができなかったのである。

今日われわれが、わが国の大河川と認識しているほとんどの河川で改修工事が実施され、あわせて新田が開発された。利根川は「東遷」と呼ばれた事業によって河口を江戸湾から銚子に変えたし、荒川は上流部で入間川に付け替え流路を西にふられて「西遷」した。

これらの事業は一六五〇年頃までに行われ、これによって、江戸の治水レベルが向上し、舟運が発達して物流が活発となり、新田開発も大いに進んだのであった。

大阪でも、一七〇六年頃に完成した大和川の流路変更がわずかな期間で実施された。奈良盆地を抜けてきた大和川は大阪平野を北上していたのだが、これをまっすぐに西に向かわせ堺方面への流れに変えて、大阪の治水安全性を飛躍的に向上させたのである。

東北の北上川でも、流路を変更して旧河道を新田開発したり、さらに改修を加えて南部盛岡からの舟運を開き、石巻を藩米の集積地としたから、ここは江戸廻米の基地となり仙台藩の経済発展に寄与したのである。

われわれがわが国の大河川だと認識しているほとんどすべての河川で、この時期流路変更などの手が加えられている。こうして耕地が拡大して人口が増え経済も成長したのだが、この時代の技術では改修できなかった信濃川や木曽川などの河川もある。

当時の技術力で開発に挑戦できる地域が限界に達すると、やがて耕地面積の拡大も止まり人口増も停滞してくる。徳川吉宗が総人口調査をはじめて行ったのは一七二一年のことだが、なぜ世界ではじめて百姓・町民の人口まで調べたかというと、吉宗は人口の頭打ちが年貢の減少をもたらし始めていることに気付いていたらしいのだ。

一六〇〇年頃には一〇〇〇万人台だった日本の人口は、わずか一〇〇年という短い時間に三〇〇〇万人に達したが、その後は、幕末まで総人口はほとんど変化していない。

したがって、江戸時代とは一七二〇年頃までの「成長期」と、その後の幕末までの「停滞期」の二つの時代からなるものだという説がある。ちょうどそのターニングポイントに吉宗の治世（一七一六〜一七四五年）があったのである。

大河川改修の時代

以前にはほとんど手がつけられていなかった大河川のほとんどが江戸の初期に改修されたと紹介した。くどいようだが具体の河川名を北から紹介するので、その規模を実感していただきたい。

東北では岩木川・最上川・北上川・阿武隈川、関東では久慈川・鬼怒川・渡良瀬川・江戸川・多摩川・利根川・荒川・鶴見川・酒匂川、北陸では阿賀野川・信濃川・常願寺川、中部では狩野川・富士川・安倍川・大井川・天竜川・矢作川・庄内川・揖斐川・木曽川、近畿では淀川・大和川・宇治川・桂川・鴨川・加古川、中国では旭川・吉井川・芦田川・太田川、四国では吉野川・

重信川、九州では遠賀川・筑後川・大野川・矢部川・菊池川・緑川・白川・球磨川・川内川など。

これらの河川は、現在は洪水などの危険があると国家的損失になるとして、国土交通省が直轄で管理している河川がほとんどである。これらの河川を改修することができるだけの技術力・組織力を幕藩大名は戦国経験から得ていたのである。

大河川に手を入れたことで、治水の研究者のなかには、この時代を経て日本人は「渇水の心配をする民から洪水の心配をしなければならない民になった」と述べる人もいる。

また、河川改修以外にも、箱根用水などの導水事業も各地で進められ、新規に利用できる田畑が増加した。こうした河川の改修や用水事業にともなう新田開発によって、江戸初期の約一〇〇年間で約二〇〇万町歩もの拡大がなされたから、先に述べた人口の急増が可能となったのである。

幕末、英米などの帝国主義的な列強がわが国に開国を迫り、無知な幕府政府に不平等条約を押しつけたが、それでも植民地にならずにすんだのは、当時の日本人の「貧しいけれども凛とした暮らしぶり」が外国人を驚嘆させたことと、三〇〇〇万人口の大きさがまさに国勢として機能したからである。

凛とした姿勢の日本人を一例として紹介すると、後にトロイの遺跡を発掘したシュリーマンは幕末日本を経験したが、彼の監視役兼案内役だった幕府の役人が一切の心付けを拒否したことを驚嘆をもって記録している。

5　明治以降

明治に入ってからは、西洋の近代技術が導入されたこともあって、活発な国土整備、つまり国土への働きかけがなされ、それが富国強兵をスローガンにした時代の発展に大きく寄与してきた。

実にいろいろな整備が進んだのだが、ここでは大胆な割り切りで整理してみよう。

①鉄道整備

その第一は鉄道の整備であった。明治初期のインフラ投資先を見ると、鉄道は投資金額の八〇％近くのシェアを占めていた。わが国で最初の鉄道開通が一八七二（明治五）年の新橋～横浜間だったというのに、新橋～神戸間は一八八九（明治二二）年、上野～青森間は一八九一（明治二四）年というスピードぶりだったのである。

命の道として機能し、今日では全線で工事が展開している三陸縦貫道路は、東日本大震災の前までは、三〇年前に最初の開通があったのに半分しかできていない有様だった。これを見ても明治の整備速度には驚くべきものがあるし、現代のわれわれがなんだかんだと理屈ばかり付けて、いかにモタモタとした資金効率の悪い仕事をしているか、大きな反省を迫るものがある。

また軍隊の全国展開による国土防衛という観点があったからなのだが、明治人が持っていた広い国土観というのか、国土の一体的なとらえ方というのか、これらについては今のわれわれの方が学ばなければならないものがある。

東北の三陸を走る三陸縦貫道路の整備が遅れていたのは、東北全体を俯瞰したネットワーク形成効果を見るのではなく、区間ごとに考えた便益が十分ではないとされたからであった。便益

(Benefit)／費用(Cost)《B／Cという》が小さいとして先送りしてきたのだが、これは路線全体やネットワークの効用を考えた指標ではない。区間ごとの判断基準でしかないもので、いわば需要追随絶対主義とでもいうべき指標にすぎない。

明治人はこのような狭くて小さな視点だけを持っていたのではないことが、東北線の完成が東海道線のわずか二年後だったことでも明らかだ。ところが東北新幹線の最初の開業は東海道新幹線に遅れること一八年だった(東海道新幹線開業一九六四年、東北新幹線[上野〜盛岡]は一九八二年。青森までの延伸ができたのは、なんとその二八年後の二〇一〇年)。

現代人は細部の採算性ばかり気にしているが、明治人は全国的な国土視野を持っていたことがわかる。こうして、鉄道は一九〇五(明治三八)年には、すでに総延長が七七〇〇kmにも達したのである。

②台地開発と用水事業

江戸時代には手を付けることができず、明治の近代的技術力ではじめて可能になった事業の一つに、洪積台地(堆積平野のなかで沖積層よりも古い時代の洪積層という地層が台地化したもの。したがってかなり固い地層)の開発がある。

これらの事業により不毛の台地とされてきた多くの土地が有効利用されるようになったから、いずれもが有名な事業となっている。

矢作川の水を引いた明治用水、猪苗代湖の水を用いた安積疏水、那珂川の那須疏水、那須野ヶ原用水など、いずれも数千ha級の大規模開発であった。これらの開発が可能となって肥沃な大地に生まれ変わっていったことは、人々に時代の変化を感得させたに違いない。

京都でも、東京遷都による衰退から復興するための琵琶湖導水事業である京都疏水が事業化された。これにより電力・水運・水道が京都にもたらされた。これが京都に全国初の市電を走らせることになった。

南禅寺近くにはこの疏水事業の記念館が建っている。勢いよく流れる疏水が千年の古都にすっかり溶け込んだ光景となっているのは、不思議な感じがするくらいだが、先人の京都再建にかけた努力に思いが至るのである。

③河川事業

河川事業については、明治の当初には舟運のために河川に航路を確保する低水事業を実施していたが、鉄道の普及にともない舟運が衰えると、洪水対策を行う高水事業が中心となっていった。また、江戸時代の技術ではできなかった信濃川の改修についても、江戸時代から挑戦を続けていた分水事業が何とか成功し、それは今日大河津分水と呼ばれている。これにより新潟平野は米所へと変身したのである。

新潟は昔から良質米の産地だったと考えている人もいるが、明治以来の先人の努力がこれを可能としたことに思いを巡らせなければならないのである。

図5-1は、新潟平野で田に船を浮かべて稲刈りをしていた時代の写真である。これでもわかるように分水事業が完成するまでは、非効率で苦労ばかりが多い農業を行わざるを得なかったのである。

④港湾事業など

通信・港湾の事業にも明治政府は懸命に取り組んだのだが、簡単に紹介するに止めたい。

通信網の整備は急速であった。国防的な関心が高かったこともあるが、一八六九年に開始した通信線建設は、一八八一年には全国的なネットワークとなり、総延長は陸上線で七二五〇km、海底線九八kmというスピードであった。

出典：「大地への刻印」全国土地改良事業団体連合会

図5-1　田舟による稲刈り作業（新潟平野）

港湾も横浜・大阪・小樽などでコンクリートによる防波堤事業が行われ、波浪から港を守るレベルが大きく向上した。

道路事業にあまり見るべきものがないのは、自動車が一般には普及しておらず、また馬車による長距離移動もなく陸上輸送はほとんど鉄道が担ったからである。わが国で道路整備が本格化したのは、戦後の一九五五（昭和三〇）年頃からなのである。馬車を持っていた欧米は昔から道路の整備を進めていたが、わが国では本格的に道路整備が始まったのは戦後一〇年ほど経ってからだから、きわめて短い歴史しかないのである。

関東大震災

一九二三(大正一二)年九月一日、神奈川県を中心として関東から静岡県に至る地域を大地震が襲った。自然災害死の多いわが国でも、地震によるものとしては史上最大の被害を出した大地震であった。

死者行方不明者一〇万五〇〇〇人、住宅の全壊一一万戸、焼失二一万二〇〇〇戸という凄まじさであったし、東京には戒厳令が敷かれたほどに緊張も走ったのであった。

まもなく内務大臣・後藤新平による大復興計画が始動し出すのだが、この地震は、山本権兵衛が首班指名を受けてはいたものの、まだ組閣がすんでいない隙間の時間に起こったのだった。

不思議で不幸な符合があるもので、後の阪神淡路大震災のときは、対応の不備を指摘されて「何しろ初めてのことじゃからのう」と述べた村山富市氏の内閣のときだったし、東日本大震災は、すでに政権担当能力に疑問符がついていた民主党政権のもとで起こったのだった。

後藤の復興計画は、国家予算の二倍もの復興費を計上するというものであったが、地方出身の議員の反対などもあって逐次縮小されてしまった。

しかし、それでもその後の東京の骨格となった諸計画が実行され、それらは今日なお東京の重要なインフラであり続けている。道路では、内堀通り・八重洲通り・靖国通り・昭和通りができたし、隅田川には、清洲橋・両国橋・蔵前橋などが架けられ、その他にも一〇〇橋もの橋が建設された。

また、隅田公園・錦糸公園・浜町公園、横浜の山下公園などの公園も整備されたし、小学校の鉄筋コンクリート化が進んだ。

東京を襲う強烈な地震は、この関東大震災で終わりなのではない。将来、それも近い将来、地震が発生することは確実と言われている。そこに、世界の先進国のどこにも生じていない集中が進み、その反動として地方の崩壊が進行しているのに、ほとんど有効な手段・政策が提案されていないことが、人々に持って行きようのない不安をもたらしている。

6 第二次世界大戦後

一九四五年戦争に敗北した日本は、長年の軍事優先の縛りから解放されて平和国家としての歩みを始めることとなった。アメリカ軍の無差別殺戮による都市破壊から都市を再生し、毀損してしまった産業施設を復興していかなければならなかった。また、多くの国民は飢えていたうえに、海外から多くの兵士が帰還してきた。

食糧増産、国土の荒廃の回復が当時の最大課題であった。また、後述するようにこの敗戦前後は地震や台風による大災害が集中した災害集中期であった。そのため、戦災復興に加えて災害からの復興も緊急の課題となった。

今からふり返ると先人たちはよく耐えて頑張ってきたものだと、感激もしなければならないが、先人の苦労に感謝もしなければならないと思う。焦土のなかで食うや食わずの敗戦直後の人々が国土を復興していってくれたからである。

それを考えると、現代人は国土に対してきわめて傲慢な態度に終始していると思う。昭和二〇年代の人々が飢餓に近い状況で、国土に働きかけて国土を復興し改善してくれたにもかかわらず、財政が問題だなどと言いながら改良努力を大きく減少させてきたのである。

復興事業では、全国各地で実施された土地区画整理事業や、名古屋や広島などでは五〇〜一〇〇mもの幅員を持つ街路整備によって防災性や景観を向上させたし、敗戦前後に集中した風水害からの復旧も急がれた。

戦後行われた事業を、時々の全国総合開発計画（全総）に沿って紹介して、時代の空気を感じてみよう。各時代の全総の課題認識とともに示したい。

全国総合開発計画（最初の全総）の時代：一九六二〜一九六八年

この計画では、大都市の過密化の解消と地域格差の拡大の防止を図るため、拠点開発方式を提唱した。

この期間に完成した事業（福島県の奥只見ダム、福岡県の若戸大橋、富山県の黒部ダム、愛知県の伊勢湾高潮防潮堤、東海道新幹線、名神高速道路、熊本県の天草五橋、群馬県の下久保ダムなど）

新全国総合開発計画（新全総）の時代：一九六九〜一九七二年

公害問題の頻発を受けて、新全総では豊かな環境の創造が基本目標となった。また、国土利用の再編成と効率化などの目標達成のため、大規模プロジェクト構想がうたわれた。

この期間に完成した事業（秋田県の八郎潟干拓国営事業、東名高速道路、山陽新幹線全通、香川県と高知県

の香川用水通水など。田中角栄の『日本列島改造論』は一九七二年出版）

第三次全国総合開発計画（三全総）の時代：一九七三～一九八六年

三全総はオイルショックの影響を色濃く受けたものとなり、大平正芳首相の「田園都市国家論」をふまえ定住圏構想を打ち出した。

この期間に完成した事業（千葉県の成田空港開港、佐賀県の有明干拓完工、長野県の東京電力新高瀬川揚水発電所、東北新幹線大宮～盛岡間開通、上越新幹線大宮～新潟間開通）

第四次全国総合開発計画（四全総）の時代：一九八七～一九九七年

東京・首都圏だけに人口が集中するという東京一極集中が大問題となり、多極分散型の国土を交流ネットワークで実現しようとする計画となった。

この期間に完成した事業（青森県と北海道のJR青函トンネル開業、岡山県と香川県の本四連絡橋瀬戸大橋開通、高速道路の東名・名神・中央・北陸・関越からなる大環状完成、大阪府の関西国際空港開業）

第五次全国総合開発計画（五全総）の時代：一九九八～二〇〇七年

一九九五年には生産年齢がピークアウトしたことをふまえ、地域がお互いに連携し合うことが重要と考えた地域連携や多軸型国土構造を提唱した。

この時代のめぼしいものは、中部国際空港の開業くらいである。

この五全総が最後の全国総合開発計画となった。今さら開発の時代ではあるまいとか、地方分権時代に国の計画しかないのはおかしいなどと言われたが、つまりは財政の厳しい状況のもとで全総が各種の社会資本計画のバックボーンになってきたことが否定されたのである。

全総は、二〇〇八年の国土形成計画全国計画、二〇〇九年の各ブロックごとの国土形成計画広域地方計画と姿を変えた。しかし、新しくなった国土形成計画には、具体の事業もほとんど書かれず、ただ理念を述べているだけの空疎な作文だとの批判も強い。

実際、一九九五年の財政危機宣言以来、歳出削減の邪魔になるものは何でも削除されてきたが、全総が形成計画になった結果、具体の計画や事業の書かれていない国土計画を持つという世界的にも例を見ない不思議な国となったのである。

また、このとき同時並行的に道路・河川・港湾といった個別の社会資本計画も事業間の調整がないとか、いつまでもこれらの投資を続けるための仕掛けでしかないとか批判され、集約されて社会資本整備重点化計画として一本化された。

そしてここでも、従来は存在した「いつまでに、何を整備するのか」といった人々の生活や民間投資誘発に役立つ情報はすべて削除され、たとえば「バリアフリーの促進」などという誰も反対できない題目が羅列された計画に変貌したのであった。

このころから、わが国は具体論から離れ観念論ばかりに終始する時代に入った。具体の問題に正対して解決法を模索するのではなく、周辺議論ばかりをするようになったのである。その典型が地方分権論で、これにより具体的にどのような問題が解決できるのかが提示されることはなく、身近な問題は身近な組織であたるのがよいという検証もされていないし、地方議会などの実態をふまえるとあり得ない議論に終始してきたのであった。身近な問題を身近なところで議論すれば、利害対立が先鋭化するのは当然なのである。

道路の整備制度

近年の公共事業をめぐる議論の貧困さやインフラ認識の欠如などを考えると、信じがたいようであるが、わが国でもインフラについて、きわめてまともで真剣な議論がなされ、それに基づいた具体の計画が整備された時代があった。

それは河川・ダム・港湾など多くのインフラでも当てはまることだが、ここでは道路について紹介する。急速に進むであろう自動車交通時代の到来を見据えた整備制度が見事に整えられていったのである。

わが国は馬車時代を持たなかった国である。山ばかりで平坦地が少ないことから、短距離の移動でも必ず峠越えが必要であったから、馬車による移動はほとんど不可能だった。人力によって車輪系を動かし山を越えるのはもっと難しかったし、そもそも江戸幕府は、防衛の観点から町中以外では、大八車などの使用は禁止していた。

また、明治に入って鉄道が急速に整備され、貨物の移動はもっぱら鉄道が担ったが、戦前には自動車輸送が主力を占めるには至らなかった。町中以外で日本の道路を自動車などの車輪系が利用するようになったのは戦後のことで、それもモータリゼーションの爆発が起こりはじめた一九五五（昭和三〇）年頃からのことなのである。

三輪車以上の自動車の保有台数の変化を概観すると以下の通りである。

一九四五（昭和二〇）年　一四万二〇〇〇
一九五〇（昭和二五）年　三五万八〇〇〇
一九五五（昭和三〇）年　九二万二〇〇〇
一九六〇（昭和三五）年　二三〇万
一九六五（昭和四〇）年　七二四万
一九七〇（昭和四五）年　一八一六万
一九七五（昭和五〇）年　二八三七万
一九八〇（昭和五五）年　三七九二万

最近の保有台数は、七八〇〇万台程度にまで伸びているが、昭和三〇～四〇年代の伸びは爆発的と形容できる。この爆発にいかに対処するのかが大きな問題となった。

車輪交通のなかったわが国に車輪が入ってきて問題になったのは、道路沿道にとっては自動車のまき散らす「土砂のほこり」であったし、自動車にとっては雨天時の道路のぬかるみであった。図5-2は、昭和二〇年代の終わりの頃に撮られた幹線道路で自動車がぬかるみに苦労している様子である。

そのため、まず道路を舗装していくことが緊急の課題となった。そこで事業の進捗状況を説明するために「舗装率」を導入したのだった。この指標は、舗装しているものしか道路とはカウントしないイギリスなどでは用いようがない、道路整備時代初期のわが国独自の当面の指標だった（ところが今でも、「舗装率がこれだけ高くなったのだから道路整備は終わった」などという愚かな評論家がいるのは不思議なことである)。

舗装と同時に必要だったのは大型車がすれ違うことができる道路幅の確保だった。これは用地買収をともなったことから、舗装のように発注すればどんどん進むというものではなかったが、苦労しながらも進めることができたのは自動車の急激な普及という時代背景も後押しをしてくれたからだった。

さらに当時の山道は、「一回のハンドル操作では曲がりきることができないカーブ」に満ちていた。ハンドルの切り返しをしなければ進めないようでは、とても円滑な交通が確保できるわけがない。

この「舗装・大型車のすれ違える道路幅・切り返しの要らないカーブ」をセットにした道路の改良を行うこととし、それを最初に行った道路の改築ということで「一次改築」と呼んでいる。

図5-2　道路のぬかるみ

ところが、これらの事業の進捗とともに陸上輸送を自動車が担う時代となると、全国各地で大渋滞が生じるようになった。一次改築だけでは利用者の不満を解消できなくなったのだ。

そこで道路の交通容量(ある道路の断面を通過できる自動車の台数)を増大させる事業が必要となり、渋滞箇所をまとめて迂回するバイパスの建設や、立体交差化事業などが中心となっていった。大きな国道バイパスでは「第二〇〇号」といった名称も唱えられたりした。

こうした交通容量を増大させる事業を二次改築と呼んだ。

しかし、これらの施策は、それぞれの箇所が抱えている渋滞といった課題を解決する「局地戦」であった。課題の認識も、渋滞という交通量の処理にからむものであったから、これをネットワーク的な視点に拡大して、たとえば重要地点間の連絡が途切れることなく保たれるか、つまりリダンダンシーがいかに拡大するかといった評価は含まれていなかったのである。これを東日本大震災が鋭く突いてきたのだった。

これからは、高度経済成長時代の残滓とでもいうべき需要追随主義的な考え方から、多層構造を持つネットワークをいかに代替性豊かに構築し、それを何で評価するのかが問われていくのである。

道路整備の三点セット

限られた財源のなかでこれらの厖大な事業を行わなければならないとなると、他の予算項目に多大の圧縮を迫ることになる。昭和二〇年代末の政治家や官僚は実に賢明な選択をしたと心底感じている。

①特定財源制度

馬車時代を経験していないために道路整備に関心を持たなかったわが国では、戦前には自動車は一般の輸送のためにはほとんど普及せず、全国規模での道路整備は戦後になってのことであった。

昭和二〇年代も終りに近づくと、わが国にもモータリゼーション爆発の予感が漂ってきた。そうなると、今までほとんどしてこなかった道路整備のため、厖大な事業費を充てる必要が出てくる。他の予算も逼迫しているというのに、これを乗り切るにはどうすればよいのか。以下に述べるような工夫で、一般の財源に大きく頼ることなく道路整備ができるようになったのであった。

戦時中は配給制度下にあったガソリン税（揮発油税）は昭和二四年に復活した。この時すでに道路の整備財源とすべきとの意見もあったのだが、昭和二七年に道路への特定財源とする法律が提出され、翌年の昭和二八年に成立して二九年から実施された。

このとき作られた五カ年計画では、地方の道路財源も必要だと考えられたことから、揮発油税の三分の一が、揮発油譲与税（昭和三〇年からは地方道路譲与税）として都道府県と主要市の道路財源とされた。

乗用車が主として利用するガソリンだけが、道路整備費を負担するのは公平を欠くことからトラックなどのディーゼルエンジンの燃料である軽油にも負担してもらうこととして、昭和三一年には、軽油引取税が道路に使途を限定する地方税として導入された。

また、タクシーの燃料のプロパンガス化が進んだことから、昭和四一年に石油ガス税が設けられ、二分の一が国税として道路特定財源に、残りの二分の一が譲与税として都道府県と政令市の道路財源となった。

さらに、昭和四三年には自動車取得税が道路の利用権の取得という意味になるとして地方の道路財源として創設された。昭和四六年には、重い自動車ほど道路を傷めるとして自動車重量税ができたにもかかわらず、紆余曲折があってすんなりと道路特定財源とはならず、四分の一が自動車重量譲与税として市町村の道路財源になり、四分の三は国の一般財源となった。

そもそも道路財源の不足から創税されたものであったし、大型車が道路を傷める度合いに応じて税を取る主旨であったから道路財源になるべきものだったのだが、結局、この四分の三の八〇%を道路特定財源的に運用することで決着したのだった。

事業費の急増に備えて、逐次負担の公平性を考えながら税を生み出してきた先人の知恵には驚くべきものがある。こうして主として道路を利用する自動車の負担によって道路整備は着実に進んできたのである。

②有料道路制度

道路には無料公開の原則というものがある。道路は利用者の制限をしたり特定したりしない公共財であるから、公共が整備管理の費用を負担するというもので、ユニバーサルなサービスであるからには料金を取ったりせずにみんなで負担すべきというものだ。

ところが明治の初めの太政官布告から、道路の一部の渡船や架橋に際して、「かかった費用の多寡に応じて、年限を定めて税金を取り立てることを許す」という制度が作られ、各所で用いられた。

この考えは、大正八年の道路法制定に際しても取り入れられ、道路管理者は特別の許可を得て、管理者でない者は道路管理者の許可や承認を得て、有料の橋などを設置できることとした。

戦後昭和二七年に新道路法に全面改定されたときには、道路管理者以外の有料道路は廃止され、道路管理者のみが都道府県道・市町村道に限り有料の橋や渡船施設を設置できることと改正された(この体系とは別に、道路運送法による有料道路があるが、これは道路法上の道路ではない)。

この体系を大改革したのが、昭和三一年の日本道路公団の設立であった（後に首都高速道路公団や阪神高速道路公団が続いた）。広く民間資金を活用して道路の効率的な整備を図るため、国直轄による有料道路は廃止し、資金償還の責任を明確にした公団が有料道路を建設することとなったのである。

有料道路制度は実に有効に機能したと考える。関東の第三京浜道路、京葉道路、横浜横須賀道路、関西の第二神明道路といった路線が現在果たしている役割を見るだけでも明らかだ。また、東名・名神などの高速道路や首都高速、阪神高速などのネットワークが、わが国の経済成長や競争力の向上に果たした役割はきわめて大きいものがある。東名神高速道路がなければ、わが国の高度経済成長はなかったと言っても過言ではない。

また、税の直接投入によらず民間資金を活用したこの制度は、後にイギリスが日本道路公団方式を学んで、ＰＦＩを導入したといわれるほど進んだ制度だったのである。

戦後の道路整備の二本目の柱は有料道路制度であった。

③整備計画制度

三本目の柱は道路の整備計画制度である。

近年社会資本整備重点化計画として、ほとんどの社会資本整備計画が一本化されるまで、各事業についての社会資本整備計画があったが、その嚆矢となったのが道路計画であった。

昭和二九年は揮発油税が道路特定財源になった年だが、先述のように、このとき第一次道路整備五カ年計画が閣議決定された。金額的規模を明確にした道路整備のための五カ年計画を定めたのは、特定財源制度が関係している。

道路整備に使途を特定した揮発油税をいただく以上、その税収の見通しと使い道を明確に示すのは、納税者に対する責任というものである。こうして第一次五カ年計画は、一般道路のみを整備対象として、二六〇〇億円の計画となった。

その後、第二次計画からは、一般道路に加えて有料道路事業と地方単独事業を含んで計画化させ、計画の五カ年内に路線ごとに「どこに・いつまでに」整備していくかを示してきたのであった。

これは、その後の「道路整備を急ぐという理由で導入された暫定的に増額された税」の使途説明という意味でも重要であったが、道路は民間の活動を支援するものであるから、これらによって、民間の投資計画を先倒しさせる効果も狙ったものだった。最近のIMF（国際通貨基金）が言うところの「クラウンディングイン」効果である。

ところが、社会資本整備重点化計画になってからは、国土形成計画でも同じなのだが、具体的な路線名などはまったく記載されなくなった。具体路線の記述は将来の予算支出を縛ることになるからという理由らしいが、具体性のない計画がいくら策定されても社会には何の影響も効果も与えない。

「リダンダンシー豊かな道路ネットワークを整備する」と書いても、いつ、どこに、どのような規格の道路ができる計画なのかが示されなければ、これは作文でしかない。およそ実社会にはあまり役立たない美しいスローガンを費用と時間をかけて作るなど、この国は実に情けないことになったものだと慨嘆せざるを得ない。

7 公共事業削減の時代

図5-3は、一九九五年の財政危機宣言以来の先進各国の公共事業費の推移を見たものである。

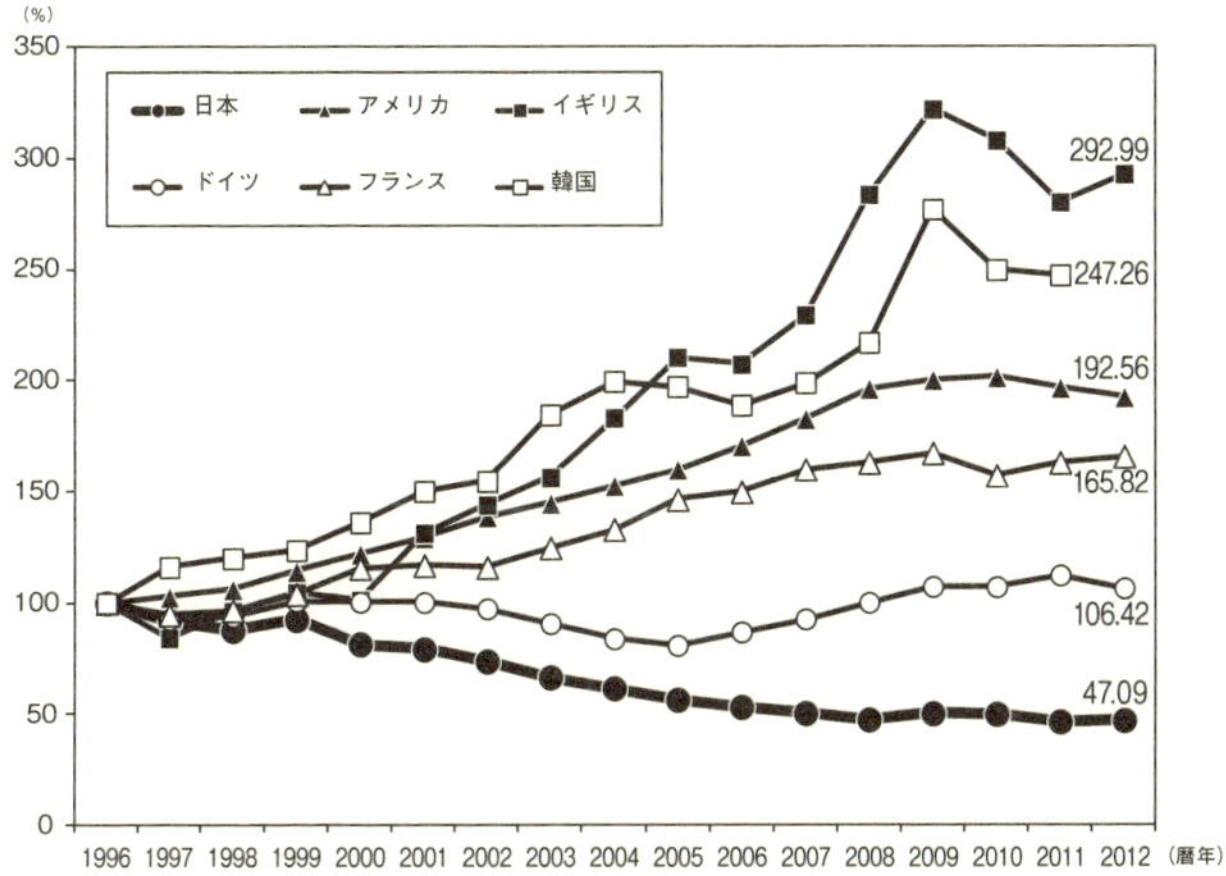

＊1：全て名目値を用いている。
＊2：2005年のイギリスについては、英国原子燃料会社（BNFL）の資産・債務の中央政府への承継（約15,600百万ポンド）の影響を除いている。
＊3：アメリカについては、2013年7月より採用された08SNAによるデータ、その他の国については、93SNAによるデータである。
出典：日本以外の国については、OECD Stat.Extracts「National Accounts」、日本については、内閣府「2013年度国民経済計算（2005年基準・93SNA）（確報）」より国土交通省作成

図5-3 公共投資水準の国際比較
（一般政府公的固定資本形成の推移：1996年を100とした割合）

ここにいう「公的固定資本」とは、公共事業費から「用地及び補償費」を引いたもので、実際に橋や河川の堤防などの構造物や土工にかかった総費用と考えていいものだ。

一九九六年を起点として見るとわが国だけが減少させてきており、各国が二〜三倍と伸ばしてきているのに、まったく正反対の政策をとってきたことがわかる。それも減少といっても中途半端なものではなく、半減以下という減少ぶりなのだ。

世界のどの先進国と比較し

ても、わが国のインフラの整備水準が上回っており、わが国だけは整備するインフラはほとんどないなどといえる状況だろうか。

財政が厳しくない国など世界に一国も存在しないが、わが国だけが財政が厳しいことを理由に、経済成長や経済競争力のエンジンであるインフラ整備を怠ってきたのである。

この国ではいつものことだが、この公共事業費削減に関しても、根拠もない、ありもしないデタラメな公共事業批判が大量に流布した。無駄、バラマキなどという言葉が、何の実体もともなわず、飛び交ったのである。

二〇〇一年のことだが、道路は全国津々浦々まで整備されたとある新聞の論説委員が書いたので、筆者が「では首都圏の環状道路は完成しているのか」と反論すると、「自民党の道路族議員に近い人（筆者）はそう思う（未整備だと）のかもしれない」と何とも不思議な反論が返ってくる始末だった。なお、この論説委員は政府税調の委員を務めていた。

こうして相対的に劣後していったインフラストラクチャーが、経済の成長を阻み、競争力を削いでいったから、円安に振れても輸出は伸びない状況を生んでしまった。また、内需が不足してデフレ経済から脱却できない国なのに、公共事業という内需を削減してデフレを放置したために、勤労者所得の下がり続けた二〇年が生じたのであった。

水深の大きいバースがないため世界最大級のコンテナ船が入港できない国際港（二〇一五年横浜港に一バース完成した）、ミッシングだらけでネットワークを構成できていない高速道路、暫定二車線で危険なうえに七〇㎞／hでしか走れない高規格道路、海外に比べて貧弱な都市住民の一人あたり貯水量、既往の最大災害に対応できない治水施設、土砂災害危険地域での多くの人々の暮らし、ヨーロッパに比べ著しく劣る下水道の高度処理、減少しない大都市の木造密集地帯（阪神淡路大震災のときのように、同時多発火災が起これば空襲時の広域火災とおなじ危険がある）、これらを放置して経済の成長や国民の生活の質の向上が図れるのだろうか。

そして最大の問題は、人口減少化のなかで進む東京・首都圏への一極集中と、その反映としての地方消滅の危機である。おまけに東京・首都圏では、壊滅級の大地震が近未来に確実に起こると予測されているのである。

防災と経済成長・競争力強化のためのインフラ整備が、今ほど急がれるときはないのである。

道路国会（ガソリン国会）

二〇〇八年一月からの国会は、政権交代を狙う民主党が、租税特別措置法を成立させなければ四月には揮発油税などの暫定税率が期限切れになることを対立材料に、暫定税率廃止を主張して紛糾した。

民主党は「ガソリン値下げ隊」を組織し、旗まで作って国会で振り回すという騒動を展開したものだった。三月末には福田康夫総理は緊急会見で、道路特定財源制度を廃止し一般財源化することを明言したが、民主党は暫定税率の廃止を主張して歳入関連法案は採決されなかった。

このため二〇〇八年四月には暫定税率分の値下げを行うガソリンスタンドが続出し、国民生活は混乱して、「ガソリン狂想曲」といわれた。しかし、結局一ヶ月で暫定税率は復活したからガソリンは二〇円以上値上げされ、これも国民の大きな反発を受けることとなった。

民主党はその後暫定税率廃止をマニフェストに掲げて政権を取ったが、財政が厳しいなか大きな財源である揮発油税の大幅な税収減などできるはずもない。そこで民主党は、暫定税率は廃止するとしながら、「当分の間、揮発油税、地方揮発油税、軽油引取税についての現在の税率水準を維持する」こととしたという税制改正大綱を二〇〇九年一二月にまとめた。

何十年もの間、国民には「道路整備を急ぐ必要があるから」と説明し、揮発油税などでは二倍もの税金を暫定措置として取り続けて来ていたのである。ところが突然、今度は、その税率を「化石燃料消費が地球温暖化に与える影響が度外視できない」ことと「財政事情が非常に厳しい状況にある」ことを理由にしてそのままの水準で維持して、税を取り続けることとしたというのである。

廃止といったはずの暫定税率はまったく廃止されず、そのままの水準で、取る理屈を変えたのだ。長い間の国民への暫定的な増税理由をころっと変えたのである。おまけにガソリン税は自動車移動に頼らざるを得ない地方の方が、東京のように公共交通が発達している地域よりも何倍も多く負担しているのだ。なぜ地方が財政の厳しさの責任を東京の何倍も持たされなければならないのか。これが国民の政治不信を呼ばないはずがないではないかと大いに心配したのである。

この道路国会では、特定財源があるためとか特別会計があるからとして、道路の事務所にマッサージチェアがあるなどという事例が、いかにも暴露されたかのように連日のように委員会で議論され、またメディアもフィーバーしたかのように報道した。

しかし、これらは他の会計でも購入していたし、また法定の福利厚生費の範囲内のものであった。後に本書のなかで述べるように、道路インフラが充実しているかどうかは、その国の経済成長や経済競争力を大きく規定する。道路国会と言ったにもかかわらず、ネットワークの海外との比較や、国内での整備水準の跛行性の問題など、ほとんど議論されない奇妙な国会であった。

また、国会が道路についてまともな議論ができていないと報道したメディアも、まず皆無であった。

第6章 われわれはこの国土で何を経験してきたのか

1 自然災害

①自然災害の実態

紹介したような厳しい自然条件を持つ国土での暮らしであったから、日本人は過去に何度も、地震・火山噴火・津波・風水害・干魃などによる飢饉など大きな悲劇に見舞われてきた（日本という国号を用い始めたのは七〇〇年頃だから、それ以前を日本というのはおかしいという歴史学者がいるが、ここでは無視する）。

まず、いまだにわれわれの最大の災厄となっている風水害・干魃に関して見てみたい。日本書紀などの記録を古い順に羅列すると、次のようになる（〈一財〉国土技術研究センター資料）（当然記録以前にも災害はあったに違いないが、記録の範囲をさかのぼるしかない）。

五六七年（欽明）諸国に洪水があり、そのため飢饉が生じて、食人も行われた

六〇一年（推古）大雨で河川が氾濫。宮殿の庭に浸水

六二三年（推古）長雨で大水が出て、農作物の収穫ができなかった

六三六年（舒明）長雨による大水
六五二年（白雉）大雨で洪水。家屋が損壊、牛馬も多数溺死
六六六年（天智）大水
六七九年（天武）雨が続き、洪水
六九一年（持統）五月から七月まで雨。四〇カ国で洪水
六九二年（持統）諸国洪水
七〇一年（大宝）近畿で暴風。諸国に干魃、虫害も発生、大被害
七〇三年（大宝）諸国に気象異変、実らず。以降干魃、飢饉、疫病発生

以降も延々と災害・飢饉の記録は続く。自然災害への恐れが、このようにして遺伝子に組み込まれていったのだ。さらに、この国の災害は風水害だけではない。次に、地震の歴史を記録の最も古いところから、列挙する。

五九九年（推古）奈良県北部　家屋の倒壊
六七九年（天武）筑紫　地割れ、地滑り、多数家屋の倒壊
六八四年（天武）白鳳地震（南海トラフ型地震）山崩れ、川湧き、家屋倒壊　人畜死傷多し　土佐で田が一二㎢も沈下して海となる
七一五年（霊亀）静岡県西部　山崩れ、天竜川閉塞。のち決壊して洪水　家屋水没
七三四年（天平）近畿・諸国　倒壊家屋で圧死多し　山崩れ、河川閉塞、地割れ無数

このように地震の怖さも、われわれに染み込んでいった。当然、地震にともなう津波も数多く記

録されている。

火山噴火も、凄まじいものがあり、日本の象徴・富士山も昔は怖い活火山で、たとえば

七八一年（天応）降灰　すべての木の葉が枯れる

八〇〇年（延暦）大噴火、昼暗く、夜火の光が天を照らす　東海道の足柄路が降灰で埋没、箱根路を開く

などとあり、これ以降も、八六四年、九三二年、九三七年、九五二年と噴火が続き、本栖湖が熱湯に変わったり、新たに山中湖ができたりするほどの大変な噴火が続いたのである。富士以外でも、神津島、新島、蔵王、那須、桜島などの噴火被害について多くの記録がある。

これらの頻発する各種の自然災害が、われわれに自然に対する構えとか、恐れとかに影響を与えなかったはずがない。また洪水と干魃を繰り返さざるを得ない自然環境のもとでは、当時の技術力で立ち向かえるわけもなく、ほとんどを為すに任せるしかなかった。まして、一瞬に田が海に変わるとか、山頂を吹き飛ばす火山を目の当たりにしては、人間の小ささ、はかなさに思い至ることになる。のちに「山川草木国土悉皆成仏」が説かれ、これをわれわれの先人が受け入れてきたのも、これらの経験に基づく。人は万物を支配するためにこの世に遣わされたなどという、そんな偉そうな存在ではない。人間は、洪水になれば草や木と一緒に流され、家畜と一緒に死んでいく存在でしかないのだ。

近年ほど災害記録がしっかりしているのでわかったことだが、江戸のはじめの慶長年間は、一五九六〜一六一四年までの一九年しかないのだが、この間に記録された風水害はなんと二三にも達す

る。歴史のはじめから今日に至るまで、とぎれることなく悲惨な災害の経験を余儀なくされてきた。ちょうど台風の通り道をなぞるように展開している弓状の国土に暮らす不幸を嘆いても仕方がない。災害の発生は予測できるはずもなく、起こってから被害最小を考えるしかなかったというわれわれの経験は、臨機・短期・当面などという思考の型を日本人に与えた。長期的な準備ができず、その時々で当面の解決策を考えてしまう思考癖は、残念ながらなくせはしない。それはわれわれの経験が遺伝子レベルで染みこんでいるからである。しかし、われわれには「パッチワーク的な問題処理で問題解決だと考えてしまう性癖がある」ことは認識できるはずで、「これで一件落着！」とする前に、それが問題の本質的解決なのかと、いつも自省する癖を持ちたいのだ。

飢饉の経験

自然の揺らぎがわれわれにもたらす災厄は、示してきたような災害だけではなく、日照りや干魃、害虫の大発生がもたらす飢饉がある。この方がむしろ広域的な人の命に関わる事件だったと言えるものである。

図6-1は、わが国の大飢饉の経験を時系列で示したものである。このなかには、鴨長明が方丈記で記した養和の飢饉（一一八〇〜一一八二年）も記載されている。京では街中に死人が満ちていたというし、鴨川には人が通行できなくなるほどに死体が積み上がっていたと記している。

また、その五〇年後の寛喜の飢饉は史上最大級の飢饉だったといわれるが、「天下の人種三分

763（天平宝字7）	1420～21（応永）
812（弘仁3）	1460～61（寛正）
814（弘仁5）	1539～40（天文）
847（承和14）	1582～84（天正）
862（貞観4）	1641～43（寛永）
879（元慶3）	1695～96（元禄）
942（天慶5）	1732～33（享保）＊2
1135（保延元）	1755～56（宝暦）
1180～82（治承・養和・寿栄）	1783～84（天明）＊2
1230～32（寛喜）＊1	1833～39（天保）＊2
1257～59（正嘉・正元）	1866（慶応2）

＊1：史上最悪だったといわれる。御成敗式目制定の契機となる
＊2：これらは江戸時代の三大飢饉といわれる

図6-1　飢饉の歴史

の一失す」といわれたほどの死者を生んだのだった。

明治時代に入って食糧の全国的な移動や輸入が可能となるまで、長い歴史のほとんどの期間にわたって膨大な数の人間が、飢饉という自然のいたずらによって命をなくしていったのだった。この死も他の自然災害による死と同じように、誰も恨むことができないし復讐のしようもない、ただ受け入れるしかない絶望的に悲しい死だったのである。

②災害集中期の存在

紹介してきた歴史記録のはじめの頃の災害の実態でも、凄まじいほど連続する災害と言ってもいいくらいなのだが、日本では過去に何度も災害集中の時期があった。しかし、たまたま一九五九年

の伊勢湾台風で五〇九八人の死者が出てから、一九九五年の阪神淡路大震災で六四〇二人の犠牲者が出るまでの三六年間には、年間一〇〇〇人を超える死者が生まれる災害はなかったのである。

この幸運な時期にわが国は高度経済成長を達成し、昭和元禄と呼ぶほどの経済発展を遂げたのだったが、たまたま大災害の空白期だったから成長を成し遂げることができたのだという指摘もほとんどなかったから、人々は自然災害を克服できたのだと勘違いしていたのかもしれなかった。

それだけに、阪神淡路大震災の衝撃は大きいものだった。われわれは、大自然災害に直面したり、その集中期を経験することが今後もあるのだという「思考の型」を獲得しなければならないのだ。

それは、ヨーロッパの人々が長い歴史的経験からいつか起こりうる紛争に備えることを「思考の型」として身につけているのに学ぶということだ。社会には通常時とは異なる「非常時モード」ですべてを運営しなければならないときがあるとか、「集中は脆弱性をもたらす」から避けるべきといった思考の形式なのである。

ところが、科学の発達した現在でも、人の死亡を防止する精度で自然災害を予測することなど不可能だし、過去にはもっと無理だったし、多分将来も絶望的といっていい。だからこちらは「起こってからしか考えようがない」という思考の型を、長い歴史の間に頭脳のなかに仕込んでしまったのだ。

さて、災害集中期は長い歴史の過程で何度も経験してきているが、最直近の経験は第二次世界大戦敗戦前後である。順に列挙してみよう。

地　震

一九四四年一二月　七日　東南海地震　静岡・愛知・三重などで死者行方不明者一二二三人
全壊家屋一万七五九九戸　半壊三万六五二〇戸　流出三一二九戸　津波あり
一九四五年　一月一三日　三河地震　死者二三〇六人　全壊七二二一戸　半壊九一八七戸　津波あり
一九四六年一二月二一日　南海地震　死者一三三〇人　全壊一万一五九一戸　半壊二万三四八七戸
流出一四五一戸　焼失二五九八戸　津波あり
一九四八年　六月二八日　福井地震　死者三七六九人　全壊三万六一八四戸　半壊一万一八一六戸
焼失三八五一戸　福井市内の建築物ほとんど倒壊　劇場・映画館での焼死数百人
一九四九年一二月二六日　今市地震　死者一〇人　全壊家屋二九〇戸　全壊建物六一八戸　半壊二九九四戸

風水害

一九四五年九月　枕崎台風　死者行方不明者三七五六人　負傷者二五五二人　全半壊流出八万八〇三七戸
浸水家屋二七万三二八五戸　高潮あり
一九四七年九月　カスリーン台風　死者行方不明者一九三〇人　負傷者一七五一人　全半壊流出九二九八
戸　浸水家屋三八万五七五三戸
一九四八年九月　アイオン台風　死傷者八三八人　全半壊一三万八〇五二戸
一九四九年八月　ジュディス台風　死者行方不明者一七九人　負傷者二一三人　全半壊流出二五六一戸
浸水家屋一〇万一九九五戸　船舶流出一二三隻
一九四九年八月　キティ台風　死傷者一六〇人　全半壊建物一六万一二六三戸
一九五〇年九月　ジェーン台風　死者行方不明者五九三人　負傷者二万六〇六二人　全半壊家屋一万九一

三二戸　半壊一〇万一七九二戸　床上浸水九万三一一六戸

噴　火

浅間山噴火が一九四七年、一九四九年、一九五〇年と続いてあり、それぞれ数名の死者負傷者が出た。小規模ながら他の火山の噴火も記録されている。

何という凄まじさだったのか、驚きを禁じ得ない。アメリカ軍から無差別殺戮の大空襲を受け、多くの都市が焦土と化しているというのに、この自然災害集中なのだ。自然とはなんと無慈悲で残酷なものかと嘆きたくなるほどの惨状だ。

しかし、日本人は食うや食わずの腹ぺこのなかから、これらの被災から復興を果たして立ち上がり、奇跡といわれた経済成長をしてきたのである。今日われわれを取り巻く悪条件は、当時とは異なるけれども、戦後のこの状況を考えると、われわれ日本人が立ち直ることができないはずがないではないかと強く思うのだ。

しかし、それには正しい状況認識と政策判断が欠かせないのだが、最近になるほど誤った認識一色に染まってしまう傾向があるのではないかと心配でならない。

2　日本人を規定したもの

国土に働きかけて国土から恵みを得る。国土は働きかけの程度に応じた恵みを返してくれる。というのが本書の主題だが、この考え方のもとで現在から古代にさかのぼり、海外の人々と日本人との国土への働きかけの対象に違いはあるだろうかとの関心が芽生えたのだった。

すると、中国からヨーロッパに至るまで世界中といってもいいほどの民族が動員できる最大級の費用と労力をかけて構築してきたにもかかわらず、日本人だけはまったく造らなかったものがあったのだ。それが、都市を取り囲む城壁、都市城壁（City Wall）だったのである。

本書では少し紹介するだけだが、こうした民族の経験の違いが、以下に挙げるような差異をもたらした。

①思考と感情

日本人の暮らしてきた国土条件や災害などの自然条件がわれわれを特徴付け、また大陸からの距離が、「大軍は越えられないものの、文化は何とか伝わる」という実に微妙な長さだったことが、日本人の経験が中国やヨーロッパの人々の経験と大きく異なるという結果を生んできた（これらのことについては、拙著である『国土が日本人の謎を解く』（産経新聞出版）に詳しいので参考にしてほしい）。

要約すると一つには、恵みをもたらす自然に命を奪われ、怒りも恨みもぶつけるところがどこにもないという厳しい死の受容を強いられたことが、独特の死生観をわれわれにもたらした。この死生観が、われわれを研ぎ澄まされた感覚の民としたし、思考が論理で組み立てられず、つねに感情が混入するという抜きがたい癖を日本人に与えた。

そして、この死生観こそが、他力・易行門の最終形とでもいうべき「親鸞の教え」をわが国にもたらしたのである。

また二つには、世界中は紛争死に充ち満ちているのに、その外に立つことができたことはありがたいことだったのだが、紛争に備えるための研究がほとんど不必要だったから、われわれの思考から合理性・長期性・網羅性・俯瞰性などがすっぽりと抜けることとなってしまった。その代わりに得たものが、細やかな人間関係を大切にする思考や感性だったのである。

なぜ究極の易行門は日本で生まれたのか

親鸞はいつの時代にも大人気である。書店にはいつも親鸞本や「歎異抄」、それらの解説本が平積みにされている。それほどに日本人は親鸞が大好きなのだが、他の誰かではなく、なぜ親鸞だけなのかを語る人がほとんどいないのも不思議なことである。

親鸞の前に、その師であった法然にふれておきたい。親鸞は法然の弟子を自称し、最後まで「自分は法然を超えた」とか、「新しい境地を開いた」とは言っていないのだから、教えという意味では法然がもっと評価されたり、人気を集めたりしてもいいはずなのにと思っている。若いころに、東京大学の文学部教授にこのことを問うたことがある。彼の答えは、「親鸞の方が著作が多いからではないか」というものであった。

残念ながらこの答えには納得できない。法然の著作も残っているのだ。たぶん正解は後世のこの宗門の布教の天才であった「蓮如」の活躍の結果なのだ。法然は比叡山で修行し、「比叡山はじまって以来の秀才」と称賛されるくらいの学殖を示した。そして山を降りて東山の吉水に住まい、易行門の極致ともいえる「専修念仏」に到達した。その弟子となったのが親鸞だったのである。

平安時代末期は、公家の政治が行き詰まり武士である平家が勃興し、一一六七年には清盛が太政大臣になるなど、以前には考えられなかった時代の大変化が生じて、民衆もそれを実感した時代であった。公家の没落と、平家の興隆と滅亡、源氏の台頭と本格的武家政権である鎌倉幕府の創始というめまぐるしい変化が短期間に生じたのだった。

この騒然たる時代の雰囲気のなかで、新しい仏教の祖となる法然、親鸞、道元、栄西、日蓮らが登場してきたし、旧仏教でも高弁（明恵）などの改革者が現れた。浄土教で見ると、一一七五年には源空（法然）は専修念仏を提唱し、その考えを一一九八年に「選択本願念仏集」にまとめた。親鸞も、一二二四年には「教行信証」を著した。親鸞が亡くなってからは、弟子の円珍が師の教えを「歎異抄」に整理した。こうして、浄土教はのちに「浄土宗」や「浄土真宗」と言われる新しい教えにたどり着いた。これは、中国の善導の称名念仏から発した浄土思想の到達点であると考える。

法然の教えを易行門の極致だと先述したが、それはこの教えが「阿弥陀仏におすがりしますと唱えるだけで救済される」という超特別級の救済思想だからである。それまでのほとんどの宗教は、日頃からのまじめな生活態度や日常持つべき信仰心を要求するのだが、ついにそのようなことに関係なく救済されるというレベルに到達してしまったのである。

法然は、「阿弥陀仏は、そのような本願をたてることで菩薩から如来になれたのだから、阿弥陀仏にすがりますと唱えるだけで救われるのは当然だ」と考えた。ここにはすでに悪人正機説が内包されているが、親鸞は明確にそれを説いた。

親鸞は、さらに進めて「阿弥陀仏が人間救済を念じて如来になれたのなら、その仏の信心を受け入れるだけで浄土に往生することが定まった、救済された身となるのだ」と説いて、なんと唱えることすらも条件ではなくなってしまったのだ。

これは論理的にも当然の結果なのだ。いくら偉そうにしていても、人間など誘惑にも弱いし迷いもするという存在でしかないのだから、修行などによる自力で救済されるなどあり得る話ではない。

人の弱さを知り尽くすと、仏にすべてをおすがりする他力とならざるを得ない。ところが「称名という行為」を救済の条件としてしまえば、それは自力となるではないか。親鸞はこの矛盾に気付いたのだ。

したがって、浄土真宗の「なむあみだぶつ」は、浄土宗の念仏とは異なり「浄土へ行くことが決まっていることへの報恩の念仏となる」というのである。衆生のわれわれには実に簡単で、いかにも安易に見えるから（もちろん実は深い思索が込められている）「易行の究極型」だというのである。

ここで、一神教の世界を見てみよう。徳川宗家一八代の徳川恒孝氏は、一神教の特徴について次のように記している。「これらの宗教は、単一で絶対的な力を持つ創造者をただ一人信じ、その教えを守ることで、人間は神の国へ行くことができるという宗教です。神は信者に絶対的な服従と信仰を求め、これを破ったもの、信じないものには厳しい罰を与える強い性格の『神』です。また、神は時として大変に嫉妬深く狭量です。」

何という違いなのだろうと驚かざるを得ない。もちろん、どちらが進んでいるとか遅れているという問題ではない。民族の経験の違いから来る根本的な差違が存在するのだ。

なぜ、多くの日本人は究極の易行門に集まるのか。他宗派も、結局は「称名信仰」に近づいていったのはなぜなのかについて、納得できる説明仮説に出会ったことがない。

実はこれは、東日本大震災などで日本人が冷静沈着な態度を示せたことと表裏の関係にあるのである。また、日本人が、人間が万物を支配する特別な存在だと考えず、動物も植物も国土までも自分たちの仲間だと考えて、「山川草木国土悉皆成仏」などという思想を持つこととも、同根なのである。

ヨーロッパなどでは、覚悟して始めた大量虐殺を伴う人間同士の戦闘を戦い抜くためには、集団を縛る強力な規律と、集団を構成する個人を絶対的な神の命令が支える必要があった。さらに、集団戦となる戦いには大義と名分が必要だったから、彼らは誰も反対できない「自由」や「平等」などの理念をひねり出し、その名のもとで戦ったのである。

ところがわが国では、何の前触れもなく、日頃限りない恩恵を与えてくれる大地が鳴動してすべてを崩壊させ、最良の漁場が突然盛り上がってすべてを飲み込んでしまう。米作りに欠かせない河川も、梅雨や台風期には、時に洪水や土石流となってすべてを押し流していく。

ここには、強力な神によって縛られなければ戦えない戦闘はないが、「誰を恨むこともできず、復讐の誓いのたてようもない、ただ受け入れるしかない理不尽な死」が氾濫する。予測もできず避けることもできない突然のこの死は、「仏が必ず救う」と考えなければ、受け入れることなどとてもできない、きわめて苦しい死なのだ。

究極の易行門はこの国に生まれるべくして生まれ、人々の信仰を集めることになったのである。

親鸞の認識の如何にかかわらず、法然からさらに「易行」度を進め、後年、布教の天才・蓮如によって浄土真宗は最大教団となった。

②小集落と仲間意識

中国やヨーロッパでは、大平原のなかで暮らさなければならなかったために、その広さに応じた大きさの権力や明文化された秩序認識が生まれた。ところが、わが国の平野は小さく分散的であったから、その小集落に閉じ込められた生活が生まれ、小集落を構成する仲間が気まずい思いをしないようにすることが何より優先される秩序観を育ててきた。

顔見知り仲間からの承認や仲間への貢献に至福を感じるようになったのである。個を仲間のなかに溶かし込むように暮らしてきたことが強力な集団責任意識を生んで、集団になったときには世界でも最高級の力を発揮する人種となった。

戦後、戦前の否定から個性の尊重が叫ばれ、個人主義が正しいかのような風潮が蔓延しているが、これは日本人の否定ともいえる暴挙だと考えている。人はわざわざ強調しなくても個性的な存在だし、集団力の発揮は「異なる個性の集合」こそが可能とするものだ。

また、世界のどの国でもほとんど行われていない駅伝をわれわれが特に好むことを考えてみるがよい。これは、身近な帰属や顔見知り仲間への貢献に最高の喜びを感じるのが日本人であることを示している。

個人の努力が、正しく評価されない駅伝を西欧人が好むわけなどなく、彼らは個人としての評価を求めるのである。

③都市城壁とインフラ認識

本章のはじめに述べたように、大量虐殺をともなう紛争に年中見舞われてきた中国やヨーロッパでは、多くの人が蝟集する都市は強固な城壁で囲わなければ、そもそも成立しないものだった。Cityの語源となっているラテン語キヴィタスは、「壁の内側にヒトが集まっているところ」という意味であることからしてもこのことは明白だ。

そして繰り返された戦闘経験が、「城壁というインフラがあったから命を保つことができたし、愛するものの死に遭遇しなくてすんだ」というインフラの重要性認識を育てたのだった。今から五五〇〇年前のシュメールから一九一九年のパリまで（第一次世界大戦で空から爆弾が落ちてくる経験をすると、パリは城壁に意味がなくなったことを実感した）、ヨーロッパでは城壁なしでは暮らせなかったことに思いを馳せる必要がある。

この、暮らしを支え命を長らえるために「社会の基礎構造」として欠かせないインフラがあるのだというインフラ観がヨーロッパでは育まれたが、わが国ではその経験を欠いたために、インフラに該当する概念も言葉も生まれなかったし、インフラに対する正しい認識が育つはずもなかったのだ。

これが、海外の首脳は繰り返しインフラ整備の重要性を説くのに、日本の政治家はインフラについての認識を語ることがないという違いを生んでいる。それどころか、インフラ形成の手段のフローの用語でしかない「公共事業・公共投資」という言葉に政治家も経済学者も閉じ込もったままとなっている。

このことは、インフラという「社会の基礎構造」は公共しか提供できず、それが海外に比べて劣後していると、個々の企業や個人の努力が活きてこないという認識を持てていないことを示しているのである。

世界のインフラ認識

都市城壁を必要とする経験を欠いてきた日本人は、インフラストラクチャーという概念を獲得しなかったし、したがってその重要性認識を欠いていると説明してきた。では、海外ではどのように認識し議論されているのかを紹介したい。

不思議なことにわが国のメディアは、海外の首脳や経済学者がインフラについて語っても報道しないことが多いから、主権者のインフラについての判断に寄与できていない。ここで紹介する内容は多くの読者にとって初めて得る知識だと思う。

①アメリカ・オバマ大統領

▼二〇一三年四月

「二一世紀のインフラ構築」を提唱して、既存のインフラ補修と将来のインフラ整備に投資が必要と強調した。高速道路・橋梁などの緊急補修が必要だとして、「Fix it First」と称するプロジェクトに四〇〇億ドルを充てると表明した。

▼二〇一三年七月　イリノイ州で演説

国家経済の成長に向け、交通プロジェクトへの予算増額の必要性を強調。怠れば、他国との経済競争に遅れをとると警告した。

▼二〇一三年一一月　ニューオーリンズで演説

「実際に雇用を創出し、経済を成長させることに投資すべきだ。その一つが、新しい道路・橋梁・学校・港湾の建設である。〔…〕アメリカのインフラのことを考えてみて欲しい。今日の世界経済において、最も速く信頼性のある交通・通信網が存在する場所であればどこでも事業活動は定着し発展する。〔…〕

そのため中国ではインフラに大規模な投資をしている。〔…〕われわれは何をしているのだろうか。」

▼二〇一四年一月　一般教書演説

「われわれは、税制改正を進めるなかで確保した予算を、道路の改築、港湾機能の向上、通勤・通学の混雑解消のための仕事にあてることができる。なぜなら、今日のグローバル経済のなかでは、第一級の仕事は第一級のインフラに引き寄せられるからである。」

▼二〇一五年一月　一般教書演説

「二一世紀のビジネスと経済に見合ったインフラ整備が必要であることは、与野党双方が合意している。毎年今よりも三〇倍以上の雇用創出が可能な超党派のインフラ整備計画を議決し、今後数十年でアメリカをもっと強くしよう。」

②**イギリス**

ブレア首相▼二〇〇四年一〇月

「すぐれた交通システムは、経済及び社会の繁栄に欠くことができないものである。〔…〕わが国の交通システムは、何十年にもわたって過小投資の状態が続き、損害を被ってきた。」

キャメロン首相▼二〇一二年三月

「インフラは、現代生活を支え、経済戦略の重要な要素であることから、後回しにできる課題ではない。インフラは、国のビジネスの競争力に影響し、またビジネスを成功へと導く見えない糸である。〔…〕インフラは、今日では想像できないような明日を実現する力を持っている。もし、われわれのインフラが二流になれば、われわれの国も二流になる。」

③**イタリア**

プロディ首相▼二〇〇六年三月

「インフラへの投資を怠っては、グローバル化にともなう競争のなかで、イタリアは生き残ることができなくなる。」

レンツィ首相▼二〇一五年八月（日本での発言）

「インフラへの投資は重要である。予算が抑制されていても、インフラへの投資は長期的な経済成長に貢献するからだ。」

④**ドイツ連立政権・三党合意文書（メルケル首相らの認識統一文書）▼**二〇一三年一二月

メルケル首相の率いる政党は、二〇一三年九月選挙で勝利したものの、過半数を制することができず、連立のあり方について議論を重ねてきた結果、やっと一二月に連立三党の合意が成立した。以下はその合意文書の内容である。

「モビリティは、個人の自由、社会参加及び豊かさと経済成長のための重要な前提となるものである。そのために必要な基盤が質の高い交通インフラである。

それは、欧州及びグローバル社会におけるドイツの競争力を保障するものとなる。〔…〕長年にわたる構造的な過小投資に対して、根本的な改革により交通路の計画及び財源確保を長期的な信頼性と実効性のある基盤のうえに築いていきたい。」

連立政権の合意文書に「モビリティの重要性認識」が入るなど、わが国では想像もできないことである。彼らのインフラ認識の強さと深さには驚くばかりである。

主要国の首脳がインフラ整備について持っている認識を示してきた。誰もが、自国の経済成長と競争力の確保にはインフラが欠かせないとの考えを表明している。特に、オバマ大統領は各地で繰り返し、アメリカのインフラが劣後すればアメリカにある企業が海外流出し雇用が失われる懸念を表明していることが印象的である。

紹介してきた各国首脳の発言とわが国との違いを以下で認識しておこう。

⑤日本の首脳のインフラ認識

わが国の政治家がインフラという言葉を使うことや、インフラの重要性や効用について語ることはまず皆無だといっていい。ここでもっぱら使われている言葉は財政からの歳出を意味する「公共事業」という言葉であり、これは経済的にはフローの財政用語でしかないものだ。

フローがストックを形成してインフラとなり、それが社会を支える基礎構造なのだという認識がわが国の政治で語られることがほとんどない。太田昭宏元大臣は国土交通大臣時代に公共事業のストック効果について熱心に言及したが、公共事業をインフラ認識で語るはじめての政治家であり大臣であった。

ここで、野田佳彦総理大臣(当時・二〇一二年四月)の発言を紹介したい。彼は公共事業についての認識を次のように示したのだった。

「まだまだ至らぬ点があることを率直にお詫び申し上げるが(このころマニフェストが守られていないと批判されていたのを受けている・筆者注)、公共事業費を三割以上削減するなど、政権交代以前にはできなかったことが次々と実現している。」

このように公共事業費を削減することは正義の実現であるかのように、彼は胸を張ったのだった。しかし、公共事業がストック形成を通じて、今後の社会を支える基礎構造であるインフラを整備することであるを知った本書の読者は、この発言が相当な認識不足から来ていることに気付くだろう。

公共事業の成果は、将来世代が「より安全に、より効率的に、より快適に」暮らすことができ、活動することができるための環境整備となるのだが、この整備スピードを三〇%も遅らせることが正義であるはずがない。

また、各国の首脳の認識を借りれば、わが国の経済成長を抑え、経済競争力の向上を三割も妨害したことが自慢できる話であるわけがない。

さらに、デフレ経済に苦しんでいた当時、デフレ脱却に有効な内需の拡大を公共事業に関して大幅に縮小して、デフレを放置したことも許される話ではない。

彼は、財政という財布だけを見て歳出の削減を自慢げに語ったのだが、日本経済全体は見えていなかったと言わざるを得ない。

　ましてこの当時、すでに公共事業はその原資のほとんどすべてを建設国債に依存していたから、公共事業費を削減しても教育費や研究開発費などに回るはずもなく、建設国債の発行額が減るだけのことだったのだ。

　以上のように見てくると、公共事業費を三割以上削減したことを誇るように語ることなどまったくできないことだったことがわかる。

第7章

われわれはこの国土にどう向き合っていけばいいのか

今までもそうであったように、また世界の本流がそうであるように、今後も「国土への働きかけ」を行わずして、安全な暮らしも、効率的な経済も、快適な生活も得ることはできない。

貧しかった昔の人々が、この国土に手入れしてくれたその成果のうえで暮らせている現代人が、将来世代の子供や孫のためには何の手入れもしませんなどという自由があるはずがない。過去にお世話になっている以上、将来への貢献は必然なのだ。

また、われわれの経済的な競争相手も首脳の認識が示すように、他の先進国は財政が厳しいなかでも自国の国土に懸命に手入れをして、競争力を高めようとしている。移動の効率は不断に向上させていかなければ、やがて競争に負けてしまうのだ。

東京と名古屋の地下鉄

表7−1は、札幌、東京、名古屋、京都の地下鉄の初乗り料金と、営業総延長を示したものである。東京は飛び抜けた営業延長を持っており、初乗り料金も低いことがわかる。

表7−2は、東京メトロと名古屋市営地下鉄とを比較して、二〇〇円で行ける範囲を示したものである。東京メトロでは、東京駅から二〇〇円でメトロの総駅一四二駅の八三％にあたる一一八駅にも到達することができる。

ところが、名古屋の地下鉄では、名古屋駅から二〇〇円で行けるのは、総駅数八六駅のわずか一三％、一一駅にしか行けないのである。

名古屋の地下鉄に乗ってみるとわかるが、東京メトロに比べてガラガラだというわけではない。東京よりは少ないかもしれないが結構利用もされている。ではなぜこのような大きな料金格差が生まれたのだろうか。

その大きな理由の一つに営業年次の違いがある。東京メトロの最初の営業は、昭和二年の上野〜浅草間であった。早川徳治という先達が、これからの都市交通は地上だけではさばききれない時代が来ると見通し、地下鉄という輸送手段を導入したのだ。

この数㎞の開削で掘られた地下鉄建設には、当時数千万円かかったといわれている。昭和の初めにしては大変な金額だったが、現在地下鉄建設には㎞あたり一〇〇〜二〇〇億円程度かかるから、今から見れば安い買い物だった。この安く建設でき、今ではすでに償却の終わった路線の稼

表7-1　地下鉄の初乗り料金と営業総延長

	札幌市営 地下鉄	東京メトロ	名古屋市営 地下鉄	京都市営 地下鉄
初乗り 料金	200円	170円（きっぷ） 165円（ICカード）	200円	210円
総延長	48.0km	195.1km	93.3km	31.2km
最初の 供用	1971（昭和46）年 地下鉄南北線開業 （真駒内～北24条間）	1927（昭和2）年 初の地下鉄営業開始 ［現在の銀座線］ （浅草～上野間）	1957（昭和32）年 地下鉄東山線開業 （名古屋～栄町間）	1981（昭和56）年 地下鉄烏丸線開業 （北大路～京都間）

出典：札幌市交通局HP、東京メトロHP、名古屋市交通局HP、京都市交通局HPより

表7-2　東京駅・名古屋駅から200円で行ける範囲

東京駅から200円で行ける範囲	
118駅	東京メトロ全駅数の83%

（全駅数142駅）

名古屋駅から200円で行ける範囲	
11駅	地下鉄全駅数の13%

（全駅数86駅）

〈参考〉

東京メトロ　（2014.4.1改定）

距離	大人	
	きっぷ	ICカード
1km～6km	170円	165円
7km～11km	200円	195円
12km～19km	240円	237円
20km～27km	280円	278円
28km～40km	310円	308円

名古屋市営地下鉄（2014.9.1改定）

距離	大人
1km～3km	200円
4km～7km	240円
8km～11km	270円
12km～15km	300円
16km～	330円

＊ともに1km未満の端数は切り上げ

ぎが、最近の建設費が高価な路線を内部補助しており、そのために全体として低料金で利用できているのである。

ところが、名古屋の地下鉄は昭和三二年が最初の営業だった。昭和の初期から何度も大きなインフレの波をくぐってきた後の建設だったのである。したがって、建設費のkmあたり単価の平均もグッと高くなっている。

これを料金で償還していかなければならないのであるから、先の料金格差となっているのである。このように東京の地下鉄は大きな「過去からの贈り物」によって支えられている。地下鉄だけではないのだ。多くの過去の人々の努力の成果を受け継

いでいるのである。

東京・首都圏の治水は、江戸時代のはじめの利根川の東遷や荒川の西遷という事業を受けて、その後の災害経験をふまえ、放水路を整備したりして今日の水準を保つことができている。

堺屋太一のいう「過去からの補助金」を多く受け取っている東京メトロと、それが少ない名古屋市営地下鉄という違いを見ると、現在のわれわれの「将来への補助金」の多寡が次世代以降の生活の安全や効率に影響しないわけがないことがわかるのだ。

1 先進各国の行ってきた事業の内容

わが国では、この二〇年間、公共事業費を削減し続けてきたけれども先進各国は大きく伸ばしてきたことは紹介した。また、それを支えてきた各国の首脳の認識も示してきた。それでは、実際に各国では、近年何を整備してきたのだろうか、先進各国が行っている公共事業の内容を見てみよう。

わが国では、近年メディアなどから道路などの公共事業を「従来型」と銘打って、あたかもいつまでも同じことを続けることが間違いであるかのようなレッテル貼りが行われてきた。道路や港湾などの交通インフラや、治水や治山といった災害防止インフラなどが、いかにも時代遅れの投資であるような印象を振りまいてきた。

ところが、これらはいつの時代にも充実させていくことが必要な基幹的とでもいうべきインフラなのであり、これがなくては土地利用の高度化が始まりもしないという基礎インフラなのである。

わが国のメディアは主権者を思考停止に誘導する「レッテル貼り」を多用するが、「無駄な公共事業」の具体例を示したことは一度もないし、「従来型」という形容もほとんど意味不明なのに、「いつまでも同じことをやっている」という印象だけを振りまく効果を狙っている。

日本以外の先進各国が最近でも公共事業費を伸ばしてきていることを示したが、実際彼らがやってきたのは、「従来型」のインフラ整備であり、従来型こそ基幹型であり基礎型のインフラだから、当然だったのである。何もことさら目新しいことに力を入れていたわけではない。当たり前のやるべきことをキチンとやってきたと言うことなのだ。

イギリスとアメリカを見てみよう。

①イギリス

過去のインフラ投資が過小であったことから、欠陥のある道路の増加や鉄道の脱線事故を引き起こしたと考えたブレア政権（一九九七〜二〇〇七年）は、積極的に投資を行う戦略へと転換した。

認識されていた過小投資の問題点は、まず道路については、イギリスでは欠陥道路を指数化していたようだが、一九七七年の道路状況（欠陥指数のようなもの）を一〇〇とすれば、二〇〇〇年には一一二・五まで悪化したとされている。

鉄道については、二〇〇〇年一〇月のハットフィールドでの脱線事故（四人死亡、四〇人負傷・レールに三〇〇カ所以上のひび割れがあったことを認識していながら、修理をしていなかった）を契機としている。

ブレア首相の、「交通の将来」と題する二〇〇四年の報告はすでに紹介した通りである。二〇〇六年三月には、後に首相になったブラウン財務大臣が予算演説を行い、次のように述べている。

「公共部門純投資額は一九九七年度予算のわずか五〇億ポンドから、二〇〇六年度予算は五倍の二六〇億ポンドにふえた。こうした投資により経済の活力を保つことができる。」「財政上の規律に従いつつ、経済界の要請に応えるとともに、インフラと交通に関する投資などを長期的視点から行う。」

このような考え方のもとに、鉄道や道路など交通インフラへの投資を大幅に拡大したのであった。二〇〇〇年策定の二〇一〇年までを見通した計画では、道路事業については、幹線道路バイパス、戦略道路ネットワークの五％の拡幅、ジャンクションの改良などが盛り込まれた。

鉄道事業の整備目標は、海峡トンネルの完成、東海岸本線の改良、主要港湾への貨物路線の拡幅、容量増大などから成っている。

また、キャメロン首相は二〇一〇年一〇月イギリス産業連盟で演説し、次のように述べた。

「イギリス史上初めて、現在のイギリスに必要な投資の内容と、五年間で官民合わせて総額二〇〇〇億ポンド（約四〇兆円）の投資を内容とする《国家インフラ計画二〇一〇（National Infrastructure Plan）》を発表する。これは、イギリスの経済界が世界と競争しながら成長していくために、われわれ政府が一緒になって協力できる内容を示したものである。」

この内容は、対象分野を①道路、②鉄道、③地域交通、④空港、⑤港湾、⑥エネルギー、⑦河川・海岸、⑧通信、⑨水資源、⑩廃棄物の一〇分野に細分化し、それぞれに投資計画を示すものとなっている。

また、四〇の主要プロジェクトを定め、それぞれに、投資額、官民の役割分担、供用開始時期などを明示した。たとえば、「高速道路拡幅」では、①全体の投資額、②投資手法（公共）、③重要地区の供用開始時期を示すこととなっており、個別的で具体的であることが特徴だ。

現在は、「国家インフラ計画二〇一四」が定められており、二〇二〇年までの計画期間に、「インフラ投資の質や機能の改善に関する政府の約束を強化し、投資家が関与しやすい環境を整備し、物流の効率化を図る」計画となっている。

最近の投資額を見ると、交通分野が最大で、道路も最近力を入れはじめているが、なかでも投資を怠ってきた鉄道インフラへの配分が多かった。イギリスでは、鉄道のインフラ部分は実質公共で整備している。次いで、パイプラインなどのエネルギーに多く投資され、さらに水道、情報通信が並んでいる。

特に重要なこととして紹介しなければならないのは、財政ルールのことである。そのポイントは、①将来世代に利益を及ぼす投資的経費にのみ借入を認めていること、②債務総額ではなく、投資により形成されたインフラ資産の価値を考慮した「純」債務残高を財政健全化の指標としていること、③最も経済的に生産性が高い公共投資に関する支出を守るため、財政上のルール上の支出から資本支出を除外していること、などである。

これはわが国の議論とは大いに異なるものである。表7-3は、わが国政府債務の内容を示すものだが、これが一〇〇〇兆円超えだといわれているものの中身である。中身を見ないで総額しか言わない評論家ばかりだが、イギリス流でいけば、建設国債分の二六六兆円は純債務ではないからこの債務表から消えることになるし、財投国債の約一〇〇兆円も同様だ。

表7-3　平成27年度末（見込）の国債・借入金残高の種類別内訳

（単位：億円）

合計	区分	区分	種類	金額	割合
合　計 11,671,006 (100.0)	内 国 債 9,099,997 (78.0)	普通国債 8,070,911 (69.2)	建設国債	2,655,507	(22.8)
			特例国債	5,039,862	(43.2)
			減税特例国債	9,565	(0.1)
			日本国有鉄道清算事業団承継債務借換国債	177,825	(1.5)
			国有林野事業承継債務借換国債	20,742	(0.2)
			交付税及び譲与税配付金承継債務借換国債	18,422	(0.2)
			復興債	102,543	(0.9)
			年金特例国債	46,445	(0.4)
		財政投融資特別会計国債		984,958	(8.4)
		交　付　国　債		1,780	(0.0)
		出資・拠出国債		29,110	(0.2)
		株式会社日本政策投資銀行危機対応業務国債		13,238	(0.1)
	借　入　金	580,095 (5.0)	借　入　金	148,610	(1.3)
			短期借入金（５年未満）	431,485	(3.7)
	政府短期証券	1,990,914 (17.1)	財政融資資金証券（年度越の額）	21,000	(0.2)
			外国為替資金証券　（年度越の額）	1,950,000	(16.7)
			石油証券（年度越の額）	15,942	(0.1)
			食糧証券（年度越の額）	3,972	(0.0)

＊１：本表は、平成27年度当初予算の計数である
＊２：単位未満四捨五入

出典：財務省　https://www.mof.go.jp/jgbs/reference/appendix/26zandaka02.pdf

為替介入のための外為短期証券は、この金額分だけ日本政府はドルを保有しているのだから借金表に載せること自体がおかしいもので、当然この約二〇〇兆円も消えることになる。

このように見ると、一〇〇〇兆円の債務表から五六〇兆円（二六〇＋一〇〇＋二〇〇）が消えてしまうことになる。イギリス流に整理するとそういうことなのである。

②アメリカ

アメリカが長期の投資計画を持つのは、陸上交通分野である。道路・橋梁・公共交通がその対象となっている。二〇一五年五月までのMap21（Moving Ahead for Progress in the 21st Century Act）は、他国がインフラを改良して競争力を高めようとしてきた一方、アメリカのインフラ投資は競合国に遅れをとったという認識のもとで作られた計画だった。

二〇一五年一二月四日、この後継法となる

「アメリカ陸上交通再生法（Fixing America's Surface Transportation Act: FAST Act）」にオバマ大統領はサインし、発効した。この法律は五カ年間にハイウェイプロジェクトを中心に三〇五〇億ドルを投資しようとするものである。長期計画は一〇年ぶりだが、大統領選挙が近いという与野党の対立が最も先鋭化するこのときに、各政党が一致して大規模な道路インフラ投資法を制定するところに、アメリカのインフラ観の深さを見ることができる。

なお、アメリカの道路投資は戦後一貫して増え続けているのだが、一九八〇年代の「荒廃するアメリカ（America in Ruins）」では、ベトナム戦争の戦費のために道路の維持管理費が削減されたから生じたのだとの説が流布したことがある。

実際は維持管理費も増え続けていたのだが、一九三〇年頃のニューディール政策によるインフラストックの拡大に見合う維持費の増額がなかったというのが実態だ。橋梁なども五〇年経つ頃には丁寧な点検や補修が必要となるが、それに十分追随できず遅れが生じたというのが荒廃するアメリカだったのである。

ところが三〇年前にアメリカの経験を学んだはずなのに、わが国では国土交通省の大臣管轄の道路では近年維持管理費が減少を続けている。

アメリカは削減はしなかったが、ストックの拡大に見合った伸びがなかったために荒廃を生んだのだ。わが国の高度経済成長期に整備が進んだストックは、まもなく五〇歳という年齢に達する。一九八〇年代のアメリカとなるのである。にもかかわらず維持費を下げている実態は、われわれがアメリカの経験から何も学んでいないことを示している。

現に自動車で移動することの多い人は、最近の道路路面が荒れていることに気付いていると思う。市町村が管理する道路を中心に十分な維持管理ができなくなっており、亀の甲羅のようなひび割れが生じている箇所は多くなっているし、その一部がはがれて穴があいているところもある。バイクや自転車が転んで管理瑕疵問題とならないかと心配である。

③諸外国のインフラ投資計画

イギリスとアメリカについて、やや詳細に社会資本の整備計画を示したが、主要国の社会資本の整備計画を国土交通省が整理したものを表7-4に示す。

どの国も明確な目標を持って計画し整備の指針としている。またすべての国で計画期間における目標投資額が示されている。このことは、わが国では近年、国土計画や社会資本整備重点計画などについて、具体の事業や金額を明示することは将来における財政支出を拘束する可能性があるとしてプロジェクト名や事業名も示さず、概算金額ですら示されなくなったこととの大きな違いとなっている。

もちろん、かつての全国総合開発計画も、時代に応じた理念やスローガンのようなものを掲げていた。四全総で言えば、「多極分散型国土」「交流ネットワーク構想」などというものである。人々に、プロジェクトが具体的に「どのような国土造りを目指して実施されるのか」を示す指針のようなもので、「整備理念」や「ソフトな整備目標」を掲げることが無意味だなどと言うつもりはない。

しかし、こうした理念は具体のプロジェクトをよりよく理解し時代の方向を感得するために掲げるものなのだ。したがって、具体のプロジェクトや事業が明示されない理念だけの計画などほとん

表7-4　諸外国の社会資本整備計画

国名	名　称	制度的位置付け	計画期間	計画期間における投資額目標及び財源措置の有無	主な対象
アメリカ	21世紀の前進に向けた前進法（MAP-21）	連邦法	2012年10月～2015年5月（次期計画は2015年～2021年とする方向で検討中）	1,058億ドル（＊）[約12兆6,960億円] 財源○	・道路 ・橋梁 ・公共交通
イギリス	国家インフラ計画（NIP）2014	法令の根拠なし	2014～2020年（7年間）	約4,600億ポンド（＊）[約82兆8,000億円] 財源△	・運輸 ・エネルギー ・治水 ・水資源 ・廃棄物処理 ・通信 ・科学
ドイツ	連邦交通インフラ計画2003	閣議決定	2001～2015年（15年間）	1,489億ユーロ（＊）[約19兆3,570億円] 財源○	・連邦長距離道路[アウトバーン等] ・連邦鉄道 ・連邦水路
カナダ	新カナダ建設計画	法令の根拠なし	2014～2024年（10年間）	530億カナダドル（＊）[約5兆350億円] 財源○	・上下水 ・廃棄物処理 ・省エネルギー ・公共交通 ・通信 ・防災 ・観光 ・文化等
フランス	交通インフラ全国計画	法定計画	①2030年まで②2030～2050年③2050年以降（上記3つの期間に分けて交通インフラを整備していくべきとされている）	約80億ユーロ～300億ユーロ（＊）[約1兆400億円～3兆9,000億円] 財源△	・鉄道 ・港湾 ・河川・運河交通 ・都市公共交通 ・道路 ・空港等
イタリア	戦略的インフラプログラム	法定計画	2012～2014年（3年間）	2,310億ユーロ（＊）[約30兆300億円] 財源○	・道路 ・鉄道 ・港湾 ・空港 ・環境保護（土砂流出対策） ・エネルギー ・水等
オランダ	インフラ、空間及び交通に関する多年度計画	閣議決定	2015～2028年（14年間）	970億ユーロ[約12兆6,100億円]（2015年～2028年） 財源△	・道路 ・鉄道 ・水路 ・水の安全・品質確保等
スウェーデン	国家交通計画	政府決定	2014～2025年（12年間）5,220億スウェーデンクローネ[約7兆3,080億円]	5,220億スウェーデンクローネ[約7兆3,080億円]（2014年～2025年） 財源○	・道路 ・鉄道 ・環境対策等
EU	欧州道路交通ネットワーク（TEN-T）	条約に基づく計画	①2014～2030年（17年間）②2014～2050年（37年間）	2,500億ユーロ（＊）[約32兆5,000億円]（2014年～2020年） 財源△	・鉄道 ・内陸航路 ・道路 ・海上交通 ・航空 ・マルチモーダル交通インフラ
韓国	第3次中期交通施設投資計画	法定計画	2011～2015年（5年間）	146兆ウォン（＊）[約15.8兆円] 財源○	・道路 ・鉄道 ・空港 ・港湾 ・物流

出典：国土交通省取りまとめ

ど作文というべきものであって、国民や地域に住む人々への将来の指針となることはないし、民間企業の投資判断に影響を与えることもできない。

2　整備の現状と今後の課題

まだ首都高速の中央環状線が完成しておらず、圏央道（首都圏中央環状道路）がほんの少ししか供用されていなかった数年前のことである。ある建設関係の座談会に参加した慶應大学の文科系の女子学生が、会の後で「まだ日本に造らなければならない道路があるなんて、はじめて知りました」と発言したというのだ。

わが国の道路整備は終わったという誤った認識に、いかに広く、かつ深くこの国が冒されているのかと唖然とする思いで聞いたものだった。一応の常識も知識もあるはずの人間がこの反応なのだ。

この学生がこのような発言をしてから、首都高速の中央環状線が完成し、新宿から羽田空港までのアクセスが時間にして四〇分から一九分に短縮され、信頼性という意味では到着時間のブレが著しく小さくなり定時制が向上して、「時間が読める」ようになった。

ピーク時などには渋滞が残っているものの、既供用の都心の環状線や浜崎橋などの渋滞の名所がほぼ消滅して、きわめて円滑な走行が可能となった。このことがもたらす生活利便性の向上や経済的な効果は著しいものがある。

これもでき上がってみてはじめて実感できるもので、あらかじめ「造らなければならない」ものであることが判断しにくいのは確かだ。しかし、社会にはこのように想像力を働かせて判断しなければならないものも多いのである。

オバマ大統領は、「道路などのインフラが劣後すると、よりよい交通環境の国へ企業は出て行ってしまう」との認識を繰り返し表明している。しかし、それを防ぐために何が足りていないのかを判断するためには、想像力だけでは困難で国際比較が必要となる。

日本のインフラは、整備の量を下げ続けても大丈夫なほど整備されてしまったのだろうか。代表的なインフラで調べてみよう。

以下に示す諸事業は、ほとんどが一九八七年の四全総（第四次全国総合開発計画）をまとめた際に計上されていたものであり、わが国のインフラ整備の全体計画はその後ほとんど大きくなっていない。国土の脆弱性を克服し、経済成長を促すためには、ここに示したもの以外にもやるべき事業は多い。たとえばEUでは一九九三年以降交通路計画などを何度か改定してきたが、その都度規模が大きく拡大して「より競争力があり、機会においてより公平なEU」を目指しているのとは、大きな違いとなっている。

①道　路

暫定二車線ばかりの地方高速道路

図7-1は、わが国の高規格道路（高速道路+自動車専用道路である一般国道。自動車専用道路とは、人や自転車などは走行できず、さらに平面交差の信号機もない道路）と、ドイツの高速道路であるアウトバーンのネットワークを比較したものである。また、表7-5は、それに人口面積を加えて表として整理したものである。

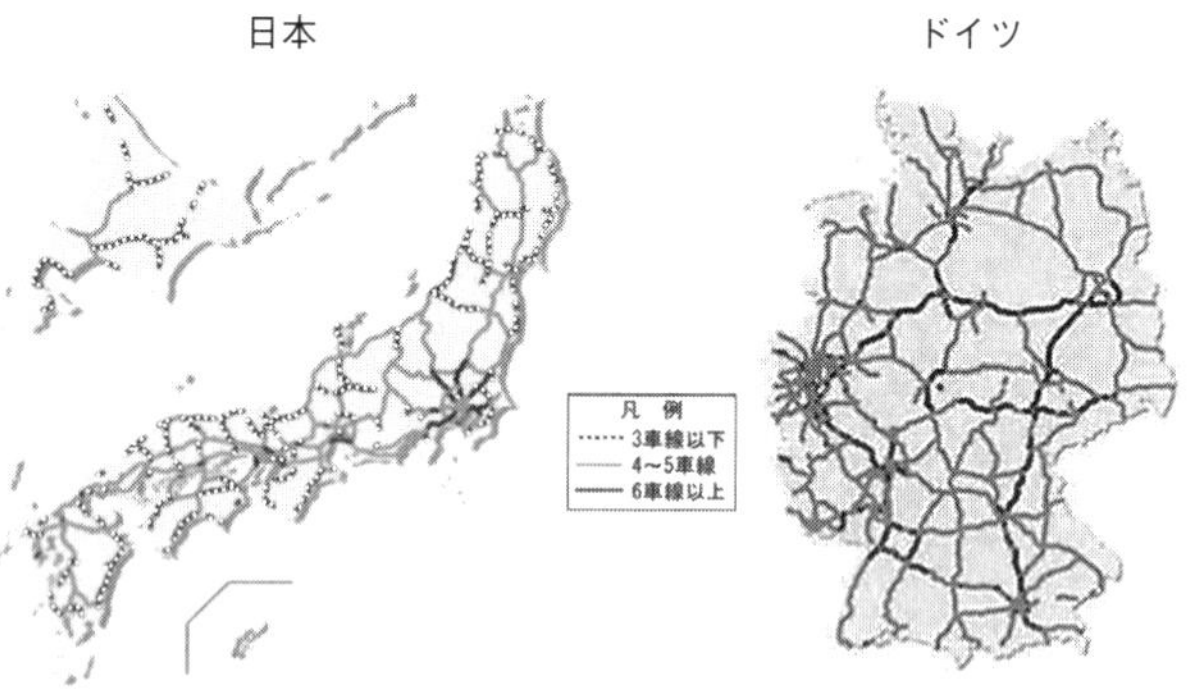

【高速道路】日本：自動車専用道路、ドイツ：アウトバーン（Autobahn）

出典：「社会資本整備審議会国土幹線道路部基本方針参考資料（平成27年1月27日）」より抜粋

図7-1　日独比較（高速道路の車線数）

地図を見るとわが国では、地方部の広大なエリアに三車線以下の高規格道路しかないことがわかる。これは、そのほとんどが「本来四車線の道路なのだが、暫定的に二車線で造ったもの」である。

信号もなく比較的高速で走れるのに、対向分離能力の高い高速道路にあるような中央分離帯がない道路である。そのため、ほとんどの区間が七〇km/hの制限速度となっている。これに対して、ドイツのアウトバーンは、原則的に制限速度がなく、エネルギーや安全の観点から一三〇km/hが「推奨速度」となっている。

ギリシャ問題に代表されるEU問題は、ドイツの際だった競争力の高さが原因の一つである。産業効率に画然とした差がある国と国が平等の条件下で競争すれば、どのような結果が生まれるかは、少し考えれば明らかなのだ。そのドイツの競争力を支える強力な武器がこのアウトバーンなのである。

なお、ドイツがいかに「移動効率大国」なのかを示すのが四万二〇〇〇㎞におよぶ鉄道延長である。わが国より面積が小さくて人口も少ない国（八二〇〇万人）に、アウトバーンに加えてこれだけの鉄道ネットワークが存在するが、わが国にはJRと私鉄あわせても二万三五〇〇㎞の鉄道しかないのである。モビリティの重要性に対する認識がわが国では大幅に低いのである。

大都市圏環状道路

首都高速の中央環状線は品川線が完成して、都心環状道路に次ぐ首都高速道路の第二環状となり、首都圏全体をみたときの三環状構想の一環状が整備された。

しかし、図7-2に示すように世界の主要都市に比べて、環状の密度・環状道路の車線数ともに貧弱なのが実態だ。

とにかく片側二車線に比べて二倍ほどの交通容量がある片側三車線の環状道路は、外環状道路の東京都下にしかないのである。東京より集積の低い北京の路線数と車線数をよく見ていただきたいのである。

特に東京外郭環状道路と首都圏中央環状道路の間隔が大きすぎるのである。今後の土地利用の高度化が可能な国道一六号の位置するあたりに、自動車専用道路・首都圏内環状道路（仮称）を構想したいのである。

図7-3がその構想図であるが、首都圏・東京を襲う大

表7-5　車線数比率及び人口

	日　本	ドイツ
3車線以下	31.9%	0.7%
4〜5車線	61.0%	65.8%
6車線以上	7.1%	33.5%
全体延長	11,528km	12,845km
人　口	12,700万人	8,200万人

＊「3車線以下」はすべて2車線

全体延長出典：日本：道路交通センサス（H22）、ドイツ：Verkehrin Zahlen（2011）
構成比出典：日本：平成22年道路交通センサスより集計、ドイツ：TOMTOM MultiNetより集計
（人口出典：世界の統計（2014））

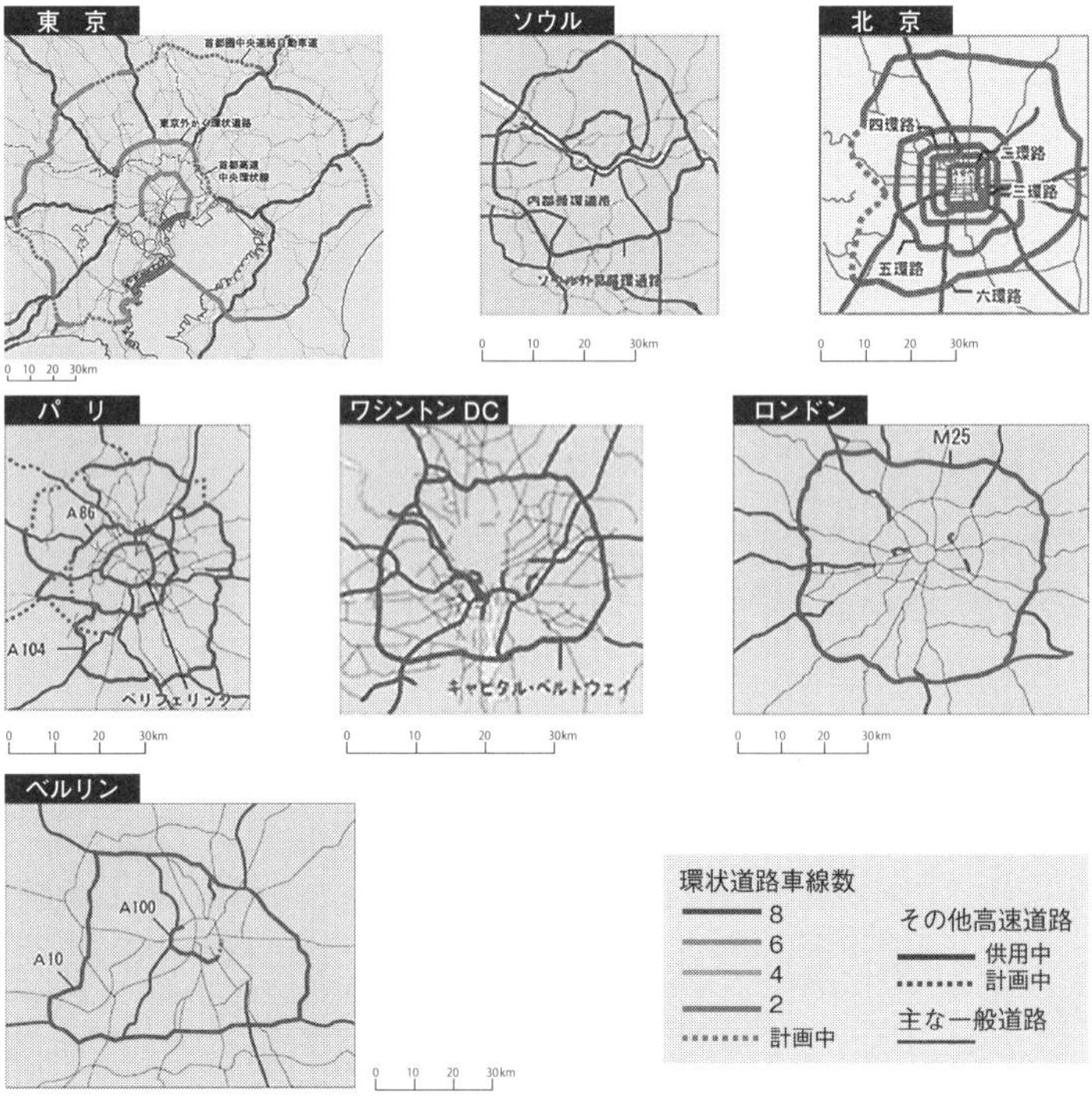

図7-2　海外主要都市に劣る東京圏の環状道路

災害に備えて沿道に空間を整備し、普段は公園として使いながら、いざというときの救急・救援の基地として、また支援物資やガレキの仮置き、仮設住宅用地として利用できるようにするのである。

　関西では、近畿自動車道が大阪の環状機能を果たしているが、広範囲にわたる環状道路である京都・奈良・和歌山を結ぶ京奈和自動車道はまだ完成していない。

　中京では、東海環状道路の東側は完成して名神高速道の渋滞緩和にも寄

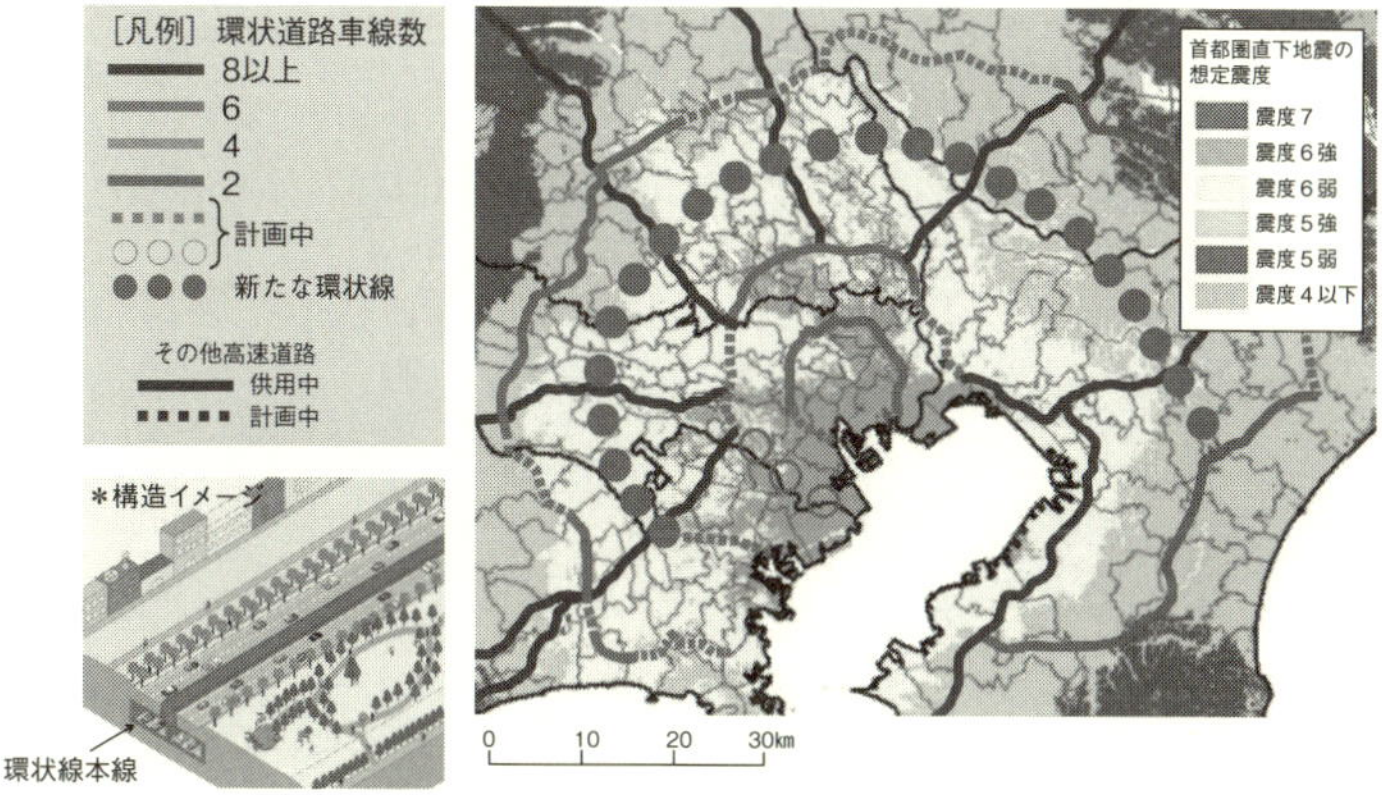

図7-3　首都圏内環状道路構想

与したが、西側がまだまだ未完である。東海環状道路が半分供用しただけでも大きな民間投資があり、工場や物流拠点が整備されて経済成長や税収増に大きく貢献しているが、環状として完成すればさらに大きな民間投資誘発効果が見込まれるのである。

交通機関分担率

すでに示してきたように、「モビリティ（移動のしやすさ）は、一国の経済成長や経済競争力を規定する重要な要素である」との認識を、海外の首脳は繰り返し表明している。もしそれが正しければ、道路インフラに起因するわが国とドイツの競争力格差は著しいものがあると言わなければならない。地方創生などというのなら、まず地方部の暫定二車線を早急に四車線化すべきなのだ。

どのような距離帯の移動や輸送について、鉄道・道路・港湾・空港といった交通手段がそれぞれどの程度を担っているかを見たものを機関分担率という。貨物輸送は、多くの国において自動車の分担率が高い。

トンキロベース（一tの貨物が一〇km移動するのと、一〇t

の貨物が一km移動するのとを等価とする）で見ると、イギリス・フランス・ドイツでは自動車が分担する割合は七〇～八〇％であるのに対し、わが国は、内航海運が頑張っていることもあり、自動車分担率は六〇％程度となっている。意外にもアメリカだけは例外で、大陸横断鉄道が国内輸送を大きく担っており、自動車の分担率は約三〇％である。

アメリカ以外では、どの国も自動車が貨物の移動を分担しているのである。

これだけ、自動車の分担分が多いとなると、その効率は経済の効率を規定することになる。近年人工衛星を用いた電子機器の発達で移動速度を簡単に把握できるようになった。それによると、わが国の自動車の移動速度は、平均して約五〇km／hだが、ドイツではそれが約九〇km／hにも達しているのである。

同じ時間をかけて、直線距離にして日本の二倍の地点に、エリアにして三倍もの広域に到達できる国と経済的に競争しているのだから、勤労者への負担は大変なものがある。ちなみに、ドイツ人の労働時間は一四〇〇時間であるのに対し、わが国は一七〇〇時間となっている。

ネットワーク・リダンダンシー

図7－4は、東北地方への道路ネットワークの代替性・リダンダンシーがどうなっているかを見たものである。首都と県庁所在地が途切れることなく結ばれていることは、東日本大震災の経験をふまえてもきわめて重要なことであり、道路ネットワークが追求すべき価値であると言ってもいいものだ。

ところが、図で明らかなように、現状のネットワークでは、東京～青森間の路線代替性は五二通

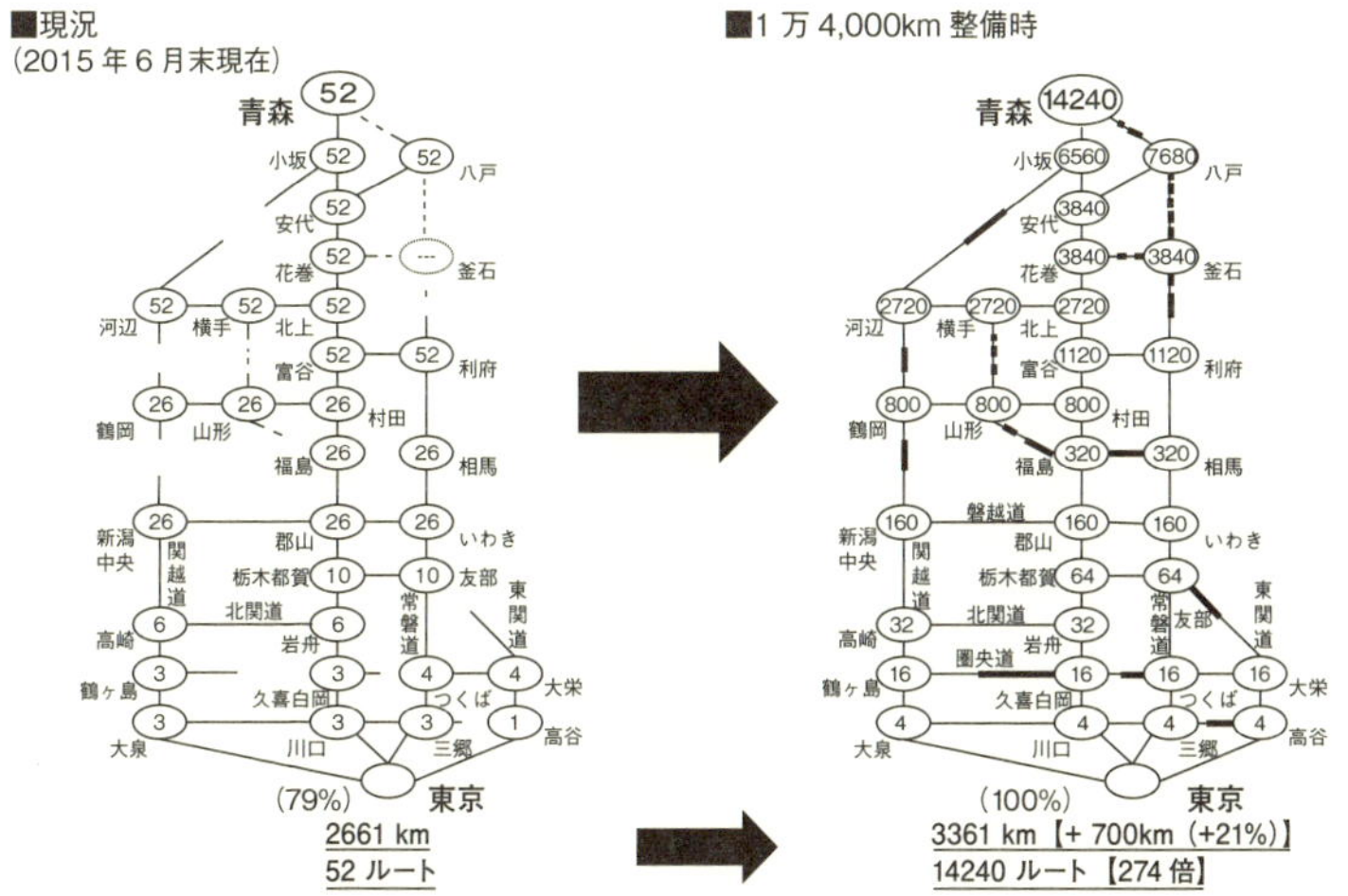

● 21%の道路の延伸で、270倍ものリダンダンシーが得られる。

＊1：東京から青森まで高速道路で移動する場合のルートの数を示したものである（宮古〜久慈間の地域高規格道路を含む）。なお、移動にあたっては、逆進をしない条件としている。また、経過地点のルート数は、東京から青森に至るルートのうち通過する数を示す

＊2：既供用路線には①暫定供用・A'路線供用等を含む、②首都高延長は含まない

＊3：供用延長には、東京〜青森間を連続的に連絡しない区間は含まない

図7-4　東京から青森まで移動する場合のルート数

りしかなく、郡山で二六通りになり青森で五二通りとなる。

図7‐4の右図は、提案中のネットワークが完成したときの代替性を示す。東京〜青森間は、一万四〇〇〇通りを越すほどの連絡性を確保することができるのである。大災害や大事故が起こっても、首都と東北の各地はまず途切れることがなくなるといえる。これを、前政権は各区間ごとの費用と便益の比で整備の可否を決めることを強硬に主張していたが、ネットワークの効用（リダンダンシー）というものをまったく理解できていなかったのである。

先のドイツのネットワークを見ると、アウトバーンでの連絡では

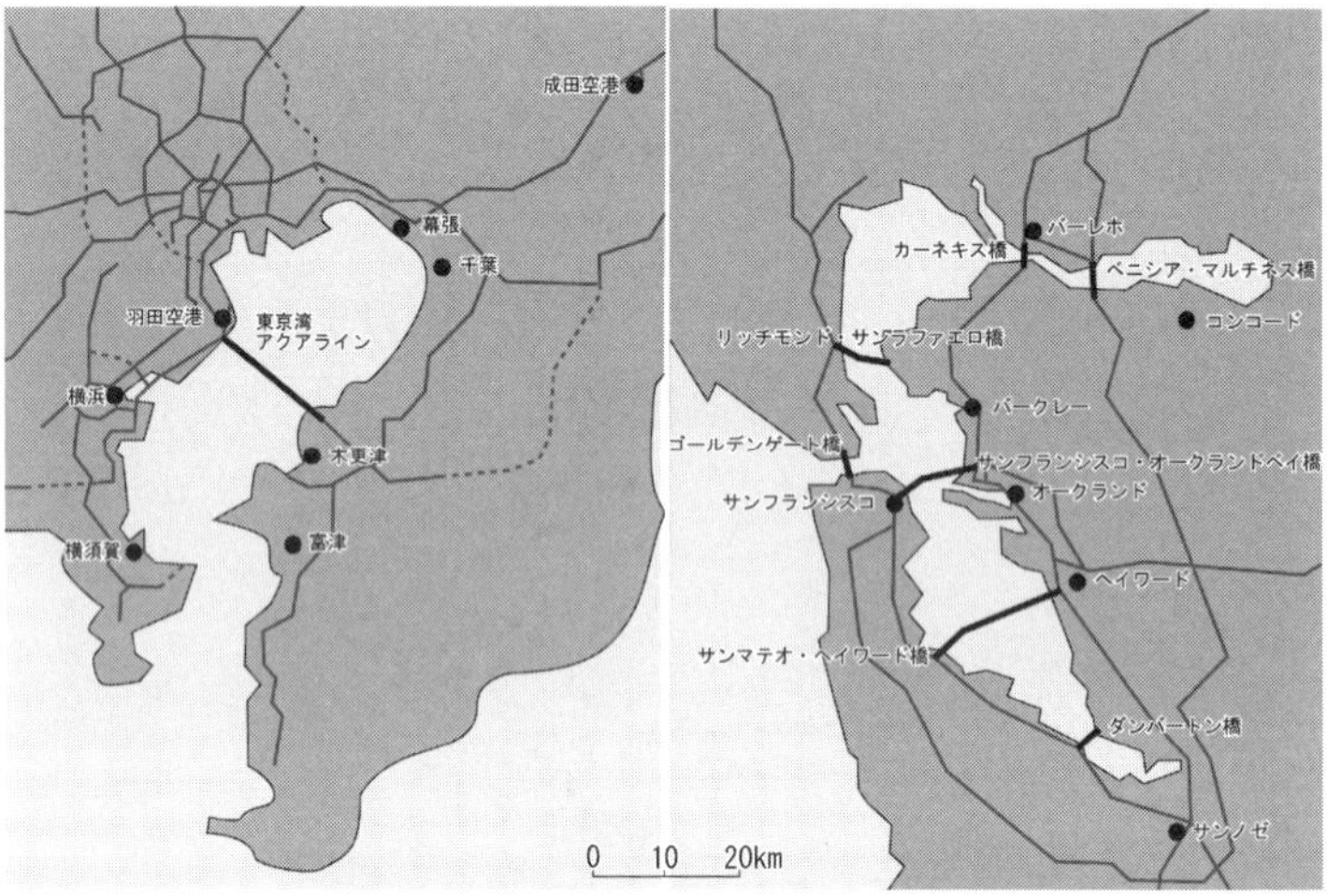

出典：大石久和『国土と日本人―災害大国の生き方』（中公新書、2012年）

図7-5　サンフランシスコ・ベイエリアと東京湾

「ベルリンと各州都」はまず途切れることがないことがわかる。最短ルートが切れても、無限大といってもいいほどの迂回路が存在する。ドイツ人はこれを追求すべき価値としてきたのである。

東京湾とサンフランシスコ湾

図7-5は、サンフランシスコベイエリアと東京湾をめぐる幹線道路ネットワークの分布状況を比較したものである。東京湾では、湾口道路がないために環状化されていない。環状となれば、すべてのポイントを中心として機能させることができるのだが、東京湾ではそれができておらず、都心だけが中心機能を担うことになっている。東京湾エリアの方がはるかに集積が高いのに、それを生かすネットワークの貧弱さは明白である。

橋やトンネルの老朽化

中央自動車道の笹子トンネルの天井板落下

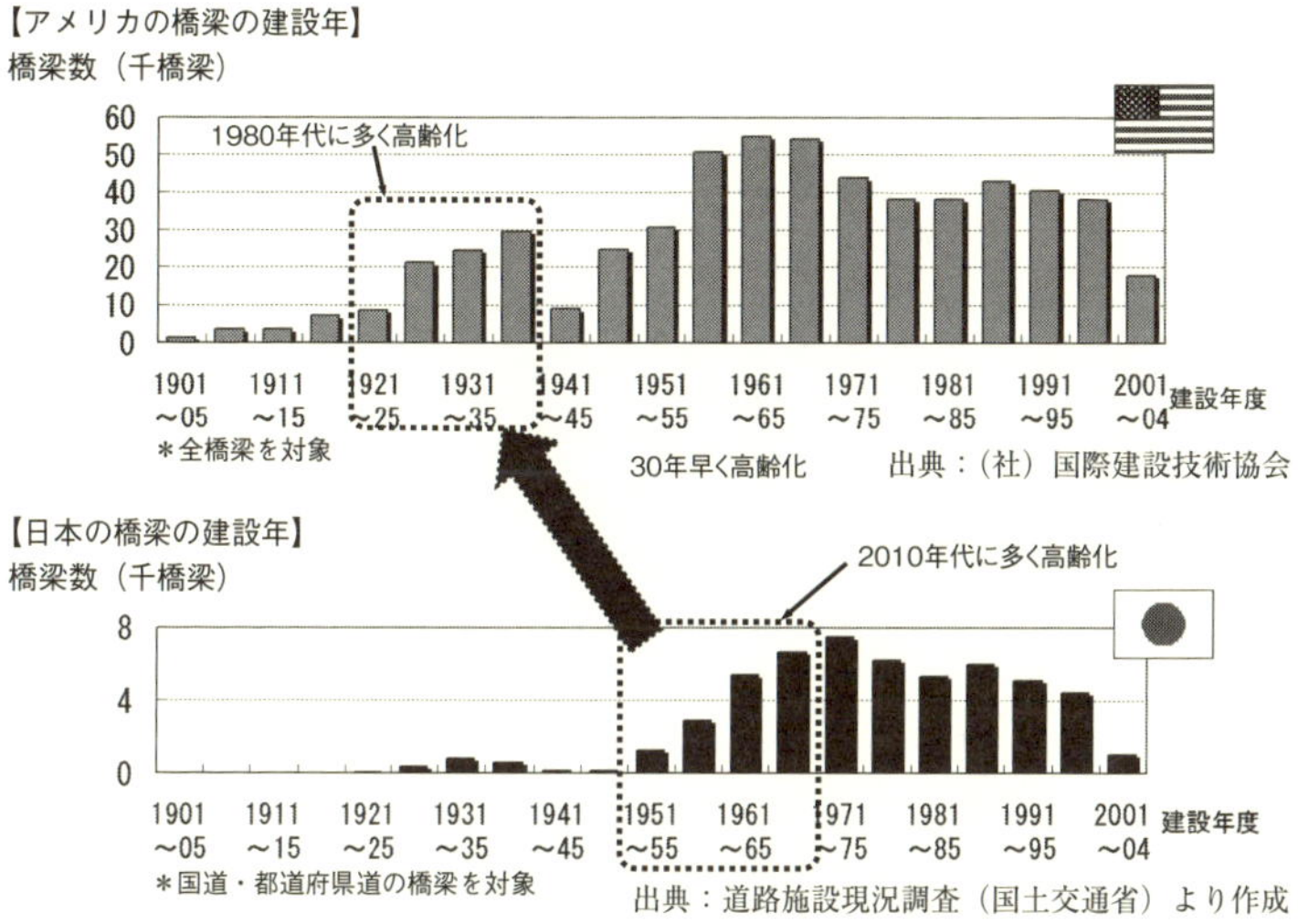

図7-6　アメリカと日本の橋梁の建設状況比較

事故を契機に、道路構造物の老朽化ににわかに関心が高まった。高速道路の構造物というものは最も丁寧に管理しなければならないものの事故だったということと、ネクスコという最も管理能力の高い組織が管理していたにもかかわらず発生したというのが衝撃だったのである。

一九八〇年代にアメリカは一九三〇年前後のニューディール時代に建設された橋梁などが落下したり、道路陥没したりするという事故が相次ぎ、「荒廃するアメリカ」といわれた時代を迎えた。構造物などは、建設後五〇年を経過すると従前以上に点検・検査といった管理を十分にやる必要があるのは、わが国の経験則からも明らかである。

図7-6は、アメリカと日本の橋梁の建設状況比較である。アメリカはニューディールによる新規投資の時代から五〇年経過して荒

廃時代を迎えたが、わが国は高度経済成長期に建設したものが、まもなく五〇歳を迎えようとしている。わが国は、アメリカのほぼ三〇年後を歩んでいるのである。

図7-7aは、わが国の橋梁七〇万橋の建設後の経過年数の推移予測である。二〇年後には五〇年経過橋梁が六五%に達することがわかる。また、図7-7bは、この七〇万橋の管理主体を見たものである。七〇%を占める五〇万橋を市区町村が管理している。

図7-8はトンネルについて、経過年数と管理主体を見たものであるが、トンネルは約半数が都道府県管理で管理され、市町村管理は比較的少ない。

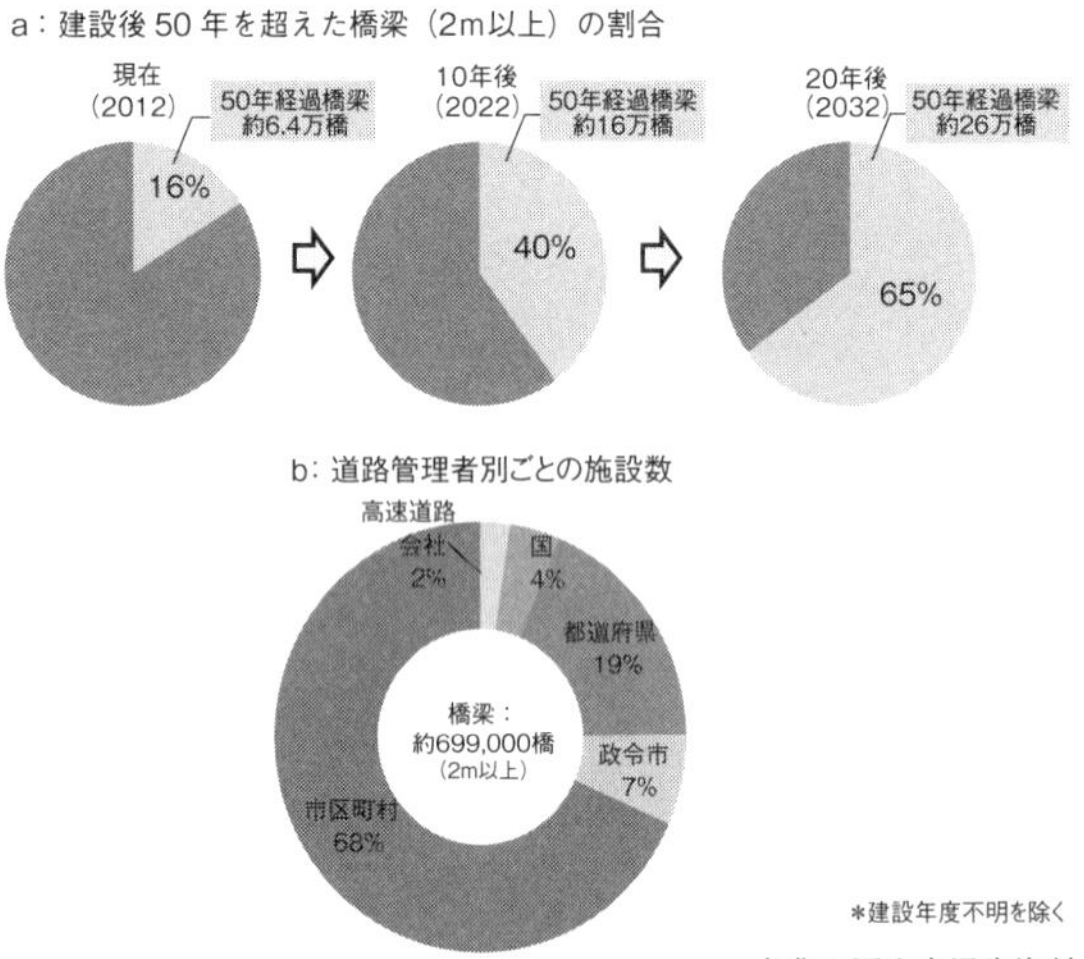

出典：国土交通省資料

図7-7　わが国の橋梁70万橋の建設後の経過年数の推移予測

そのような状況であるにもかかわらず、国土交通省の直轄国道の維持修繕費は、年々減少しており、二〇一二年値で見るとこの一〇年間で四〇%も少なくなっている（都道府県や市町村ではもっと酷いことになっていると思われるが、不思議にも政府がこうした情報を収集することは地方分権に反するとして全管理者の集計値は得ることができなくなっている）。

一九七〇年代のアメリカの道路の管理費は減少していないにもかかわらず、八〇年代に荒廃時代を迎えてしまった。ストックの増加に見合う維持修繕費の増額ができていなかったのだ。わが国は、三〇年前のアメリカの経験を知っているはずなのに維持修繕といった管理費を減らし続けているのである。

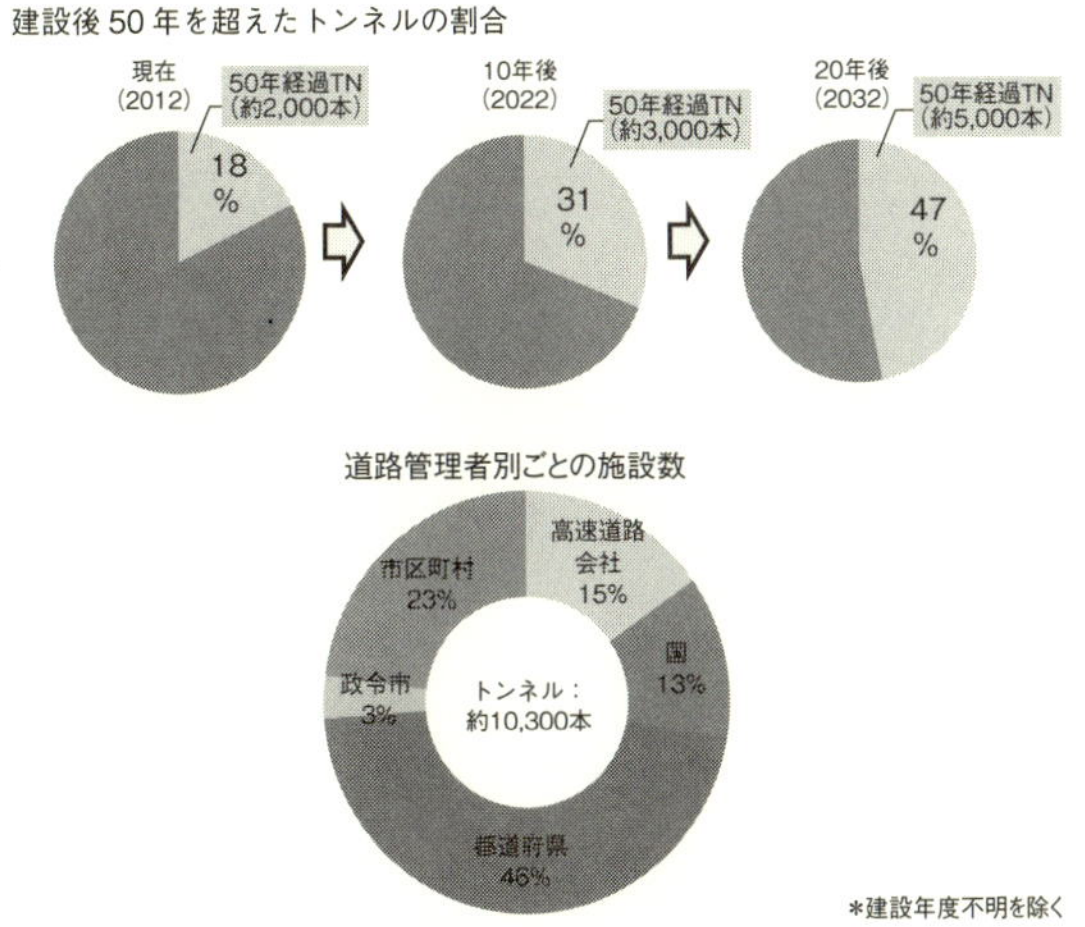

出典：国土交通省資料

図7-8　わが国のトンネル1万本の建設後の経過年数の推移予測

さらに問題は技術者の存在である。図7-9は、市町村における土木技術者の数である。なんと、市町村全体の三〇%に「一人の土木技術者もいない」のである。町村合併で技術者が削減されてしまったのである。これで市町村道にある五〇万橋の橋梁の管理などできるわけがないというのが真実だろう。

無電柱化

図7-10は、欧米やアジアの主要都市と日本の無電柱化の現状を示した国土交通省のデータである。ロンドンやパリの一〇〇%とは比較にならない惨状だが、東アジアの諸都市にも後れをとっている。

ヨーロッパに電気が入ってきたときには、

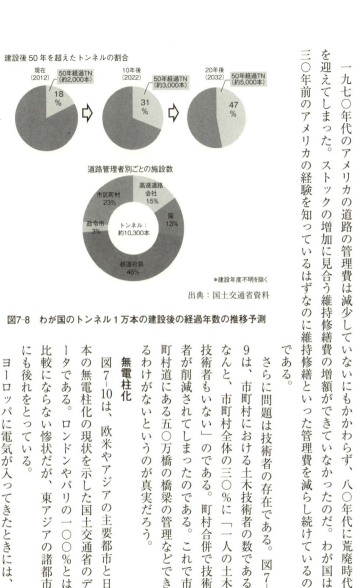

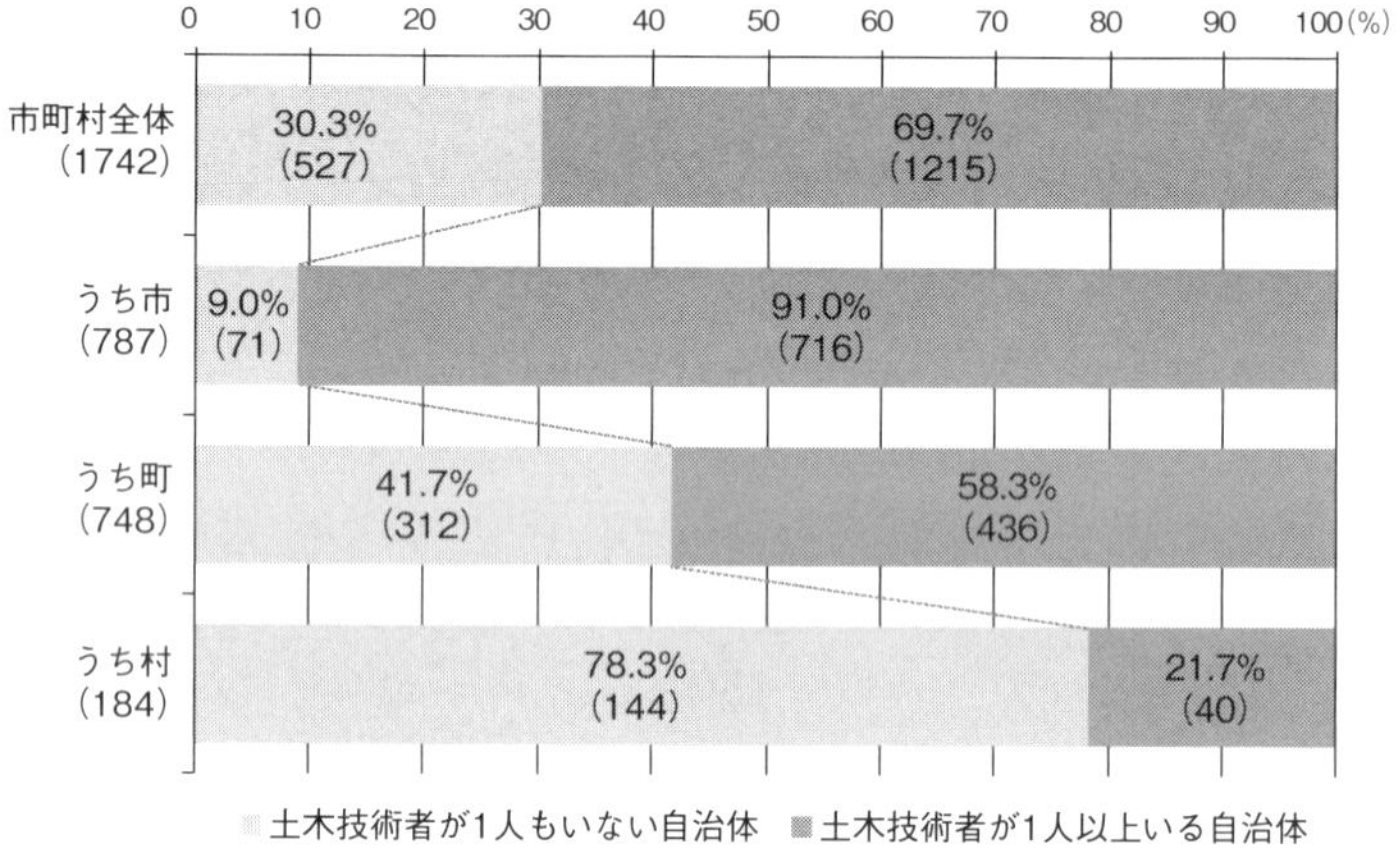

出典：「平成25年地方公共団体定員管理調査（総務省）」を基にJICE作成

図7-9　市町村における土木技術者の数（H25.4.1現在）

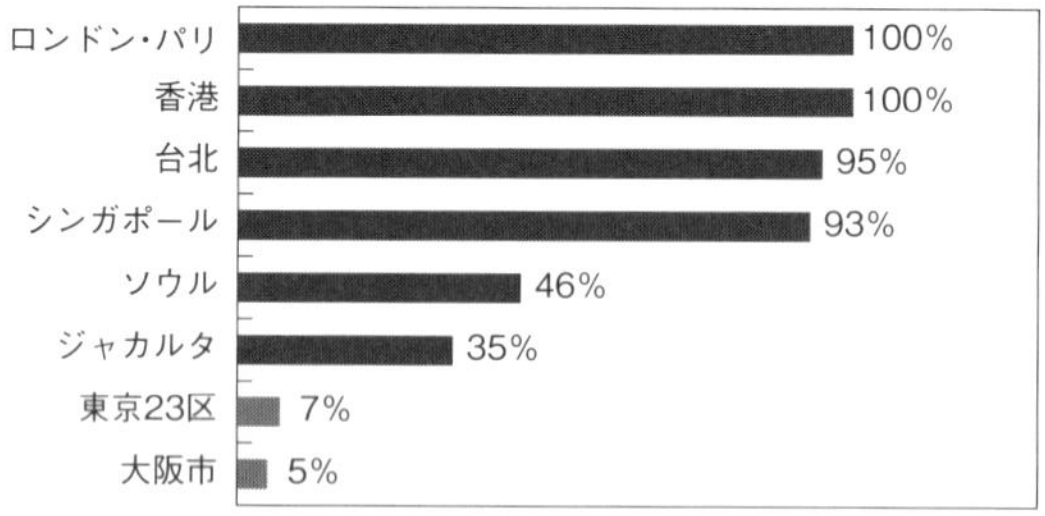

＊1：ロンドン、パリは海外電力調査会調べによる2004年の状況（ケーブル延長ベース）
＊2：香港は国際建設技術協会調べによる2004年の状況（ケーブル延長ベース）
＊3：台北は国土交通省調べによる2013年の状況（道路延長ベース）
＊4：シンガポールは海外電気事業統計による1988年の状況（ケーブル延長ベース）
＊5：ソウルは国土交通省調べによる2011年の状況（ケーブル延長ベース）
＊6：ジャカルタは国土交通省調べによる2014年の状況（道路延長ベース）
＊7：日本は国土交通省調べによる2013年度末の状況（道路延長ベース）

図7-10　欧米やアジアの主要都市と日本の無電柱化の現状

すでに整備された都市ができ上がっていた。この美しく整備された空間に醜い電線を張りめぐらせるのに抵抗があったのは事実のようだが、実はガス供給との競争の公平性の観点から、同じ条件にするために地下としたという説がある。

わが国で当初から電線の地中化ができなかったのは、こうした事情がなかったことに加え安価な電気の供給が至上命題であったからである。

電線・電柱の存在はいろいろな障害の原因となっている。わかりやすいのが景観の破壊で、富士山など風光明媚な観光資源も、道路を通して遠望すると電線にからまれたように見え、見苦しいことはなはだしい。

また、台風による強風や地震などにより電柱が道路に並べたように倒壊して、災害時の緊急活動や復旧活動の妨げになる事例は枚挙にいとまがない。

狭い道路の電柱は交通の障害となっている。車がすれ違えないため待避をしたり、自転車の車道への飛び出しや事故の原因となったりするし、そもそも歩行の障害でもある。特に雨天時には傘を差すため大きなすれ違い幅が必要で、危険の度合いが増すのである。

このため中期計画を立てて無電柱化を進めているが、一九九九〜二〇〇三年の年平均実績は四二〇km、二〇〇四〜二〇〇八年では四四〇kmであったように伸びてきていた。ところが最近では整備の速度が落ちており、二〇〇九年から直近に至る間の年平均は、三二五kmと大きくダウンしている。

このため、道路の拡幅を行う際に同時に無電柱化したり、緊急輸送道路などでは新設電柱を制限したりする政策を進めているが、「道路に電柱がないことが当たり前」にはまだまだ道遠しである。

今後は、無電柱化の低コスト化と同時に景観保全地区などに投資を重点化するとともに、電柱設置を禁止する強制措置を講ずることも検討しなければならない。蜘蛛の巣を張ったようなニューヨークのマンハッタンが無電柱化できたのは、あるとき以降一斉に禁止したからといわれている。その背景には電線が当時はコーティングされておらず、裸線であったために感電事故があったからという。

構造物比率比較

高速道路の延長に占める橋とトンネルの比率（=構造物比率）を各国比較してみると、わが国が異常に高いことがわかる。

近年に新設された高速道路の総延長に対する構造物比率を見ると、アメリカ七・〇%、フランス四・二%、ドイツ一〇・〇%であるのに対し、日本は三三・四%にも達するのである。

橋やトンネルといった構造物以外の部分は土工部といい、もともとの地面を削ったり、そこに土を盛って締め固めしたりした部分で、当然のことながら土工部の方が相当に安価で施工することができる。

わが国では、フランスの八倍もの延長を土工ではなく橋かトンネルで造らなければ、高速で走るための線形（カーブの度合い）や勾配（坂道のきつさ）を確保できないのである。

したがって構造物が少ないほど工事費は安くつくといえる。加えて地震を考慮しなければならないかどうかという違いが加わるから費用の差はさらに拡大する。わが国では全国どこに橋を架けても、大きな地震力を考慮しなければならないが、フランスではパリを中心とする大平原のほとんどで地震を考える必要はないのである。

これだけの構造物を造っても一〇〇km/hの速度で走れるようにするのが精一杯なのに、ドイツでは少ない構造物で推奨速度一三〇km/hで走れる道路ができるのだから、なんともうらやましい限りだ。

新東名高速道路が供用されはじめたが、この道路は現在規制速度一〇〇km/hで運用されているが設計速度は一四〇km/hであった。高速走行のための線形設定などによって新東名高速道路の既供用区間では、構造物比率はなんと六〇%にも達している。実際に走ってみるとわかるが、一二〇km/hでも安全に走ることができるこの道路を一〇〇km/hの規制で運用しているのは、もったいないことなのである。

②河川・洪水制御

堤防の整備率

洪水制御に着目した河川の整備状況を見てみよう。豪雨に対して洪水を引き起こさないようにするためにはいくつかの手段があるが、基本は、降雨が一挙に河川に流れ出さないようにするための「山に水を貯める」ことと、河川に出た水が河川の幅から外に出ないまま海に注ぐように「あふれないように海に流す」ことである。

表7-6　諸外国の主要河川の治水安全度の目標と整備率

国　名	河川名等	治水安全度の目標	整備率（完成率）
アメリカ	ミシシッピ川下流	概ね1/500程度 ＊1,2	78% ＊3 (2011)
イギリス	テムズ川	1/1,000（ロンドン含む感潮区間）＊4	テムズバリア完成 (1982)
オランダ	一次洪水防御堤 primaly flood defence	1/2,000～1/10,000（沿岸部）＊5	概成 ＊6
日　本	荒川	1/200	約67% ＊7

＊1：FLOODPLAIN MANAGEMENT in the UNITED STATES：AN ASSESSMENT REPORT, VOLUME 2：FULL REPORT, 1992
＊2：SHARING THE CHALLENGE：FLOODPLAIN MANAGEMENT INTO THE 21TH CENTURY
＊3：Annual Report of Fiscal Year 2011 of the Secretary of the Army on Civil Works Activities（1 October 2010 - 30 September 2011）
＊4：Thames Estuary Partnership（1999）Management Guidance for the Thames Estuary
＊5：National Water Plan 2009-2015
＊6：Annual Report Rijkswaterstaat 2013
＊7：平成26年3月末時点における堤防必要区間における計画断面確保が確保されている延長の割合

もちろん、氾濫原に住まないようにしたり、多少の出水で大きな生活困難が生じないようにする都市計画的な治水政策もあるが、それぞれ簡単ではなく、やはり基本は「貯める」と「流す」である。二〇一五年九月の関東東北豪雨により鬼怒川が常総市で破堤し、洪水となって甚大な被害をもたらしたが、三日で流域平均五〇〇㎜も降った雨を上流の五十里ダムなど四ダムが、一億㎥も貯水して河川の水位をかなり低下させ、氾濫水量を大きく減少させたからこの被害ですんだのだった。

表7-6は、ダムなどで一定の降雨を貯水した後、雨水を流下させなければならない河川の堤防整備率を各国比較したものである。わが国の荒川が、一／二〇〇の治水安全度目標に対して約六七％し

か整備されていないことを示している。

これは、二〇〇年に一度の確率で起こる降雨に対して、上流のダム等の貯水による洪水調節を見込んだうえで降った雨水を安全に海にまで流すための堤防の整備状況が、まだ目標の六七％程度しかないことを示すものである。

誤解する向きも多いので付け加えておきたいのだが、この確率表現は「今年二〇〇年に一度の雨を経験したから、この豪雨は今後二〇〇年間はもう降らない」という意味ではない。その地域では、今年経験した豪雨は「来年も二〇〇年に一度の確率で発生する可能性がある」と言うことなのである。

アメリカのミシシッピ川の下流部では、五〇〇年に一度という雨に耐えるための堤防整備が78％完了しているし、イギリスのテムズ川では一〇〇〇年に一度の雨に対応できている。オランダという国は堤防に囲われているから破堤すると大変なことになるが、二〇〇〇年とか一万年に一度の洪水や高潮に備えることができている。

表7-7は、ブロック毎に規模の大きい五河川ずつを抽出した全国の主要河川の堤防整備状況を示したもので、洪水流下に必要な高さと幅を持った堤防が何％できているかを示している。その他の河川を含む直轄河川全体では一〇〇％達成できているのはたった一河川で、二七％程度の河川もある。これで、世界水準の整備が整っているとはとても言えるものではない。

恐ろしいことに年々雨の降り方が「ゲリラ化」し集中化しているのである。時間雨量一〇〇㎜というのは、前がほとんど見えなくなるほどの強い雨だが、このような強い降雨があると、対策を施

表7-7　主要河川の堤防整備状況（平成26年3月末現在）

	水系名	直轄管理区間延長 (km)	堤防延長（km）		（参考）
			計画断面堤防（a）	堤防必要区間（b）	a／b（%）
北海道	石狩川	807.0	817.0	1,096.5	74.5
	十勝川	268.4	345.0	405.4	85.1
	釧路川	102.8	69.1	106.7	64.8
	常呂川	93.6	122.8	131.5	93.4
	天塩川	283.9	206.5	341.4	60.5
東北	阿武隈川	183.7	139.9	227.6	61.5
	鳴瀬川	82.4	86.0	147.8	58.2
	北上川	336.5	228.2	468.9	48.7
	雄物川	146.4	134.3	241.2	55.7
	最上川	283.8	283.4	325.0	87.2
関東	荒川	144.3	178.0	267.3	66.6
	利根川	789.3	853.9	1,411.3	60.5
	那珂川	99.5	45.3	126.6	35.8
	多摩川	78.6	98.7	130.3	75.7
	富士川	122.1	104.0	162.0	64.2
北陸	阿賀野川	79.6	124.6	145.6	85.6
	信濃川	310.2	343.5	510.7	67.3
	神通川	48.1	67.5	94.1	71.7
	庄川	26.1	48.4	65.2	74.2
	小矢部川	37.4	62.3	73.8	84.4
中部	天竜川	221.8	123.2	187.9	65.6
	豊川	39.1	59.7	71.4	83.6
	庄内川	69.5	49.1	100.2	49.0
	木曽川	250.9	230.7	456.4	50.5
	鈴鹿川	41.2	48.1	78.9	61.0
近畿	紀の川	68.4	92.8	111.0	83.6
	大和川	48.3	38.6	84.3	45.8
	淀川	225.4	198.2	346.3	57.2
	揖保川	66.7	50.7	119.8	42.3
	由良川	56.4	33.5	94.6	35.4
中国	芦田川	48.9	40.4	80.8	50.0
	太田川	121.4	72.5	151.6	47.8
	江の川	164.2	75.9	181.2	41.9
	斐伊川	127.9	110.2	237.4	46.4
	天神川	41.9	65.1	70.9	91.8
四国	吉野川	114.5	124.3	204.4	60.8
	那賀川	28.7	31.1	46.9	66.3
	仁淀川	28.6	31.8	35.8	88.8
	渡川	39.7	46.3	57.9	80.0
	土器川	39.7	27.1	39.3	69.0
九州	遠賀川	133.8	216.5	258.2	83.8
	大淀川	86.1	115.6	147.5	78.4
	球磨川	100.3	74.7	104.9	71.2
	筑後川	198.8	134.2	291.1	46.1
	松浦川	60.5	54.8	93.5	58.6

＊1：直轄管理区間延長はダム管理区間を除く　　出典：国土交通省HPより抜粋
＊2：「計画断面堤防」は計画法線上に計画断面を確保した堤防
＊3：四捨五入の関係で、小数点以下が合計値で合わない場合がある

していない土砂斜面では崩壊の危険が高いと考えなければならない。

先述の関東東北豪雨によって茨城県下の鬼怒川では堤防から越水したり、堤防が破堤したりして、常総市の約四〇㎢もの広大な地域が浸水被害を受けるという洪水が生じた。

またこの台風は、宮城県の栗原市や大崎市にも被害を与え、大崎市では渋井川の堤防が決壊した。さらに、栃木県日光市や鹿沼市でも死者が出るなど大きな被害を発生させた。

長い時間、線状降水帯が大雨をともなって居座るなど、近年によく発生する気象状況だったこともあるが（二〇一四年の広島市での土砂災害を引き起こしたのも、この線状降水帯であった）、公共事業費を長年にわたって削減し続け、堤防の整備がきわめてわずかずつしか進捗していなかったことも被害を拡大したといえる。

今回の鬼怒川の破堤箇所は、まもなく堤防強化のための事業を行うところだったようだが、そのことがこの事情を証明している。

緑のダム

この国では、根拠を明示した理性的な議論がまったくと言っていいほど欠けているが、その典型の一つが「山に木を植えて保水させれば、ダムなど不要だ」というものである。国民をミスリードすることの多いある大メディアは、何度もこの主張を記事にしてきた。

これに対して、日本学術会議は二〇〇一年一一月、「地球環境・人間生活にかかわる農業及び森林の多面的な機能の評価について」を答申して次のように記述した。

「治水上問題となる大雨のときには、洪水のピークを迎える以前に流域は流出に関して飽和状態となり、降った雨のほとんどが河川に流出するような状況となることから、降雨量が大きくなると低減する効果は大きくは期待できない」というのである。

森林は最も心配しなければならない大洪水制御には効果がないのである。もっと木を植えればとか、用木林に変えて広葉落葉樹にすれば保水性が高まるなどと主張する向きもあるがこれもあまり効果がない。

というのは、わが国の森林の現状は、東京大学の太田猛彦氏によると「飽和」しているといえるくらいに、数百年ぶりの豊かさを得ているからである。確かに、戦後各地にあったはげ山も裸地もほとんどなくなり、山地は緑で覆われている。

つまり、治水上問題となる大雨のときに洪水のピークを制御できるのはダムという方法しかないのである。

水資源

小さな河川が急勾配を流れ下り、その流域圏域の大きさも一級河川の平均で約二三〇〇㎢程度しかないから、わが国では雨が多くても水を貯める場所が少ないのである。

表7-8は、世界各国と水資源量を比較したものである。面積当たりの降雨量は、世界平均の二

倍もあるが、人口が多いのと先の事情から「一人当たりの貯水量」となると、この程度なのである。

したがって、毎年のように各地で取水制限が起こっている。また、この水資源量は地域によって大きな差異があり、図7-9に示すように関東は大きな河川の多い地域なのだが、一人当たりで見るとずいぶん貧弱であることがわかる。

海　岸

面積の小さな国なのにアメリカよりも長いと言われるほどの海岸線延長を持つわが国は、海岸からの災害も多い国である。それは、高潮、津波、海岸線の後退など多岐にわたる。

高潮や津波からの海岸部での生活を守るためには、一〇〇〇年に一度といった災害は別として一〇〇年に一度という程度で起こる比較的頻発する災害に対しては、堤防等（堤防、護岸、胸壁など）の施設で守る必要がある。

阪神淡路大震災や東日本大震災といった大災害を経験して、最近は災害を起こす外力の大きさを、「施設的に防げるもの」とそれ以外に分けて考えるようになってきた。あの東日本大震災での津波を堤防などで防ぎきることは、日常生活への障害を考えても、巨大となる施設の建設費用や維持管理の困難さを考えても合理的ではないとの判断である。

施設的に防ぐレベルの災害を想定し、また大規模地震が想定されている地域等における海岸堤防等の整備率は、二〇一五年三月末で三九％（五六〇km／一四四九km）となっている。この整備率とは、堤防等の計画の高さを満たしている堤防などのうち、耐震性が確保すべき水準に達している割合を指している。

表7-8　世界の水資源量等

国名	面積(千km²)	人口（千人）	平均降水量(mm/年)	1人当たり年降水総量(m^3/人・年)	1人当たり水資源量(m^3/人・年)
世界	133,769	7,049,101	807	15,320	7,634
カナダ	9,985	34,675	537	154,629	83,691
ロシア	17,098	142,703	460	55,116	31,590
オーストラリア	7,741	22,919	534	180,366	21,467
マレーシア	331	29,322	2,875	32,435	19,780
スウェーデン	450	9,495	624	29,593	18,325
ベトナム	331	89,730	1,821	6,717	9,853
アメリカ	9,832	315,791	715	22,260	9,718
インドネシア	1,905	244,769	2,702	21,025	8,249
タイ	513	69,892	1,622	11,908	6,275
オランダ	42	16,714	778	1,934	5,445
日本	378	126,435	1,668	4,986	3,401
フランス	549	63,458	867	7,503	3,325
イタリア	301	60,964	832	4,113	3,138
英国	244	63,036	1,220	4,715	2,332
中国	9,600	1,384,656	645	4,472	2,051
ドイツ	357	81,991	700	3,049	1,878
韓国	100	48,588	1,274	2,619	1,435

＊国連食糧農業機関調べ　　出典：「日本の水資源（平成25年版）」より抜粋

表7-9　地域別降水量及び水資源賦存量

地域区分	面積(千km²)	人口(千人)	渇水年			平均年		
			渇水年降水量(mm/年)	水資源賦存量(億m^3/年)	一人当たりの水資源賦存量(m^3/人・年)	平均年降水量(mm/年)	水資源賦存量(億m^3/年)	一人当たりの水資源賦存量(m^3/人・年)
北海道	83,457	5,506	897	354	6,438	1,126	545	9,900
東北	79,535	11,710	1,351	628	5,361	1,635	854	7,290
関東	36,890	43,468	1,283	273	627	1,586	384	884
東海	42,906	17,264	1,559	444	2,570	2,028	645	3,736
北陸	12,623	3,069	1,912	151	4,919	2,326	203	6,622
近畿	27,342	20,904	1,294	172	820	1,730	291	1,390
中国	31,921	7,563	1,291	200	2,643	1,676	323	4,265
四国	18,806	3,977	1,581	160	4,024	2,096	257	6,457
九州	42,191	13,204	1,724	379	2,870	2,250	601	4,550
沖縄	2,276	1,393	1,665	15	1,109	2,093	25	1,800
全国	377,947	128,057	1,332	2,775	2,167	1,690	4,127	3,223

出典：「日本の水資源（平成25年版）」より抜粋

＊地域区分
東北：青森、岩手、宮城、秋田、山形、福島、新潟
関東：茨城、栃木、群馬、埼玉、千葉、東京、神奈川、山梨
東海：長野、岐阜、静岡、愛知、三重
北陸：富山、石川、福井
＊上表の「資源量」と本表の「賦存量」は同じもの。日本の数字が異なるのは平均した期間の差異によると考えられる

堤防等の整備はまだまだの水準であることがわかるし、未曾有級の津波では逃げたり安全なところに避難したりするしかないのだが、こういった対策も不十分な地域が多い。

さらに、海岸汀線の後退に対しても離岸堤などの整備を進めているが、全国的には対策は完了したとはいいがたい状況にある。海岸に対しても、各種事業が早急に展開されなければならないのである。

今後特に注意しておかなければならないのは、東京湾内での高潮や津波の災害である。地球温暖化の影響で海水面が上昇すれば、台風によって大きな高潮が起こる可能性がある。また、東京直下や海溝型地震による大規模な津波被害が広範囲におよぶことが想定される。

この沿岸には大規模な工場群があるし、原子力発電所級規模の大型火力発電所が林立している。原子力発電所の運転がほとんどできていない現在、これらの火力発電所が機能を停止すれば、首都圏は長期の停電を覚悟する必要があるが、それはわが国の壊滅を意味するともいえる。

伊勢湾、大阪湾についてもほぼ同じことが言え、三大都市圏の湾岸地域の補完機能をいかに分散的に確保しておくのかを具体に検討して実行に移すことは喫緊の課題である。

砂防事業

わが国では氷河は山岳地帯にのみ存在していたから、氷河融解後は風化岩を山地に置き去りにしたが、ヨーロッパや北米では分厚い氷河が融解する過程で風化岩をすべて押し流し、その後にはフレッシュな岩が露出しその上に現在の都市があることはすでに紹介した。

そのため、わが国では豪雨が多いことや地震が頻発することで、これらの岩などが崩壊し土砂災害になりやすい。崩壊の形態はさまざまだが、概略的に言えば「急傾斜地の崩壊」「土石流」「地滑り」の三類型に分類される。

国土交通省によると、これらの土砂災害の危険のある全国の土砂災害危険箇所は約五三万カ所にものぼり、そのうち守るべき人家が付近にある危険箇所は約四五万にもなるという。

守るべき人家を保全人家というが、それが五戸以上あるところも約二〇万にもなる。ところが二〇一三（平成二五）年度末までに整備が完了しているのは、約五万カ所にとどまっている。二〇一四年八月の広島市の土砂災害も未対策箇所での崩壊であったが、当時よく報道されたように可住地面積がわずかしかないわが国では、住家がこうした地域にまで建設されることも大きな原因である。

そもそも世界的に見れば、こうした地域に住まなければならない国はわずかしかない。比較的条件が近いのはスイスくらいだが、世界銀行とコロンビア大学がまとめた土砂災害リスク（一九七二〜二〇〇七年のデータから分析）でも、わが国はスイスに比べ、土砂災害の死者数は約三六倍、面積あたりの死者数は約四倍という結果が報告されている。

もちろん危険なところには住まない、住ませないという政策も必要で、土砂災害特別警戒区域（土砂災害が発生した場合に、建築物に損壊が生じ住民等の生命又は身体に著しい危害が生ずるおそれがある区域）では、次のような利用規制が定められている。

それは、まず学校や医療施設などの建築行為は一定の基準をクリアしたもののみが許可される「特定開発行為許可制」であり、また、居室を有する建築物は土砂の衝撃等に対して安全性を確保できる構造になっているかを確認する構造規制もある。さらに「居室を有する建築物に損壊が生じて生命又は身体に著しい危害が生じるおそれが大きいときには、建築物の所有者等に対して移転等」を勧告できる制度もある。

しかし、わが国独特の土地所有観からはこうした土地利用制限的な措置はなかなか有効に機能しにくいのも実態だ。賽の河原の石積みではないが、コツコツと対応していくことを基本に据えるしかないのである。

時間はかかるがその効果は、神戸の六甲山系の砂防事業の学習からもいえることなのである。六甲山系は一九三八（昭和一三）年最大時間雨量六一㎜、最大日雨量三二七㎜という豪雨により土石流が頻発して、六九五名もの犠牲者が出てしまった。

その後、内務省の直轄事業として堰堤整備などの砂防事業が始まったが、その整備がある程度進んだ一九六七（昭和四二）年に再び豪雨を経験した。このときは、最大時間雨量四六㎜、最大日雨量三一九㎜というものであったが、前回からは大幅に死者が減少したけれども、九八名の犠牲者が出てしまった。

二〇一四（平成二六）年にも豪雨があり、最大時間雨量八八㎜、最大日雨量二九六㎜を記録したが、砂防事業の進捗により死者はまったく出なかったのである。このように、地道に砂防事業を進めていくのが王道であり、土砂災害の死者数を早期に減少させるために事業を急ぐ必要があることは言うまでもない。

土砂災害防止法では地形・地質等をふまえて、区域指定や災害防止対策に必要な事項を調査して公表することが都道府県の責務となっているが、これがなかなか進まず、二〇一五年四月現在で完

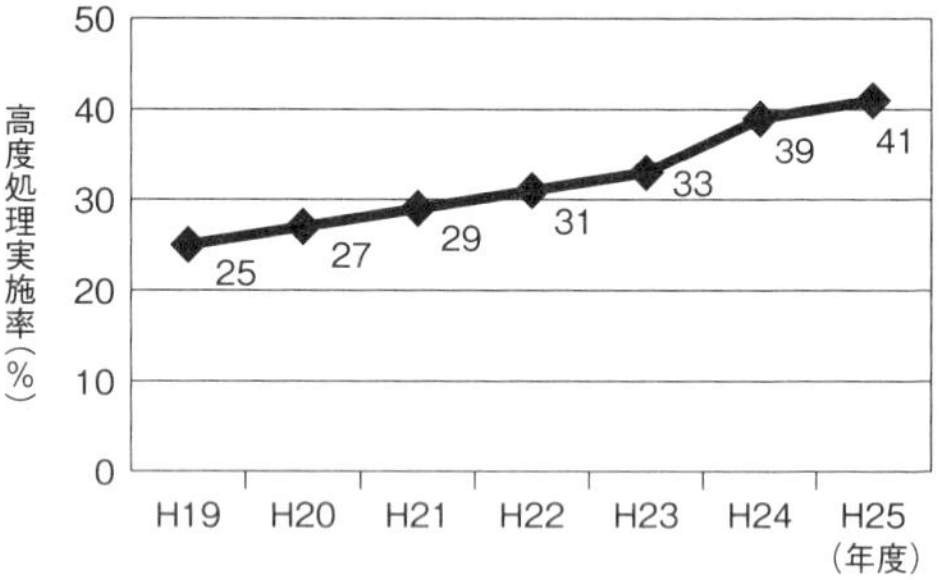

＊良好な水環境創出のための高度処理実施率（%）＝高度処理が実施されている区域内人口／高度の処理を導入すべき処理場に係る区域内人口

図7-11　良好な水環境創出のための高度処理実施率

了しているのはわずか一二県にすぎず、二〇道県ではあと四年もかかるとされている。国はさらなる応援策を講じてでも調査を急がせなければならない。

二〇一五年九月の会計検査院調査報告によると、土砂災害の危険がある「警戒区域」のうち、人口密集地があるのに砂防施設がない場所が、二一都道府県に七五七四カ所にも上ることが示され、優先して整備するよう国土交通省に求めたことが報じられた。

人口減少時代に入ったのだから、早急な整備によって人命の損失を避けなければならない。

③下水道

下水道の普及率は近年かなり向上してきた。その結果、都市部での河川水の水質もかなり改善され、従前には見られなかったサケやアユの遡上が話題になるなどしている。

高度処理

ところが、普及率は上がったが高度処理が十分に行われていないという課題があるのである。高度処理とは、下水からリンや窒素などを除去する処理のことである。図7-11は、近年の下水の高度処理率の推移を示している。これによると、少しずつは改善されているものの主要先進国とはか

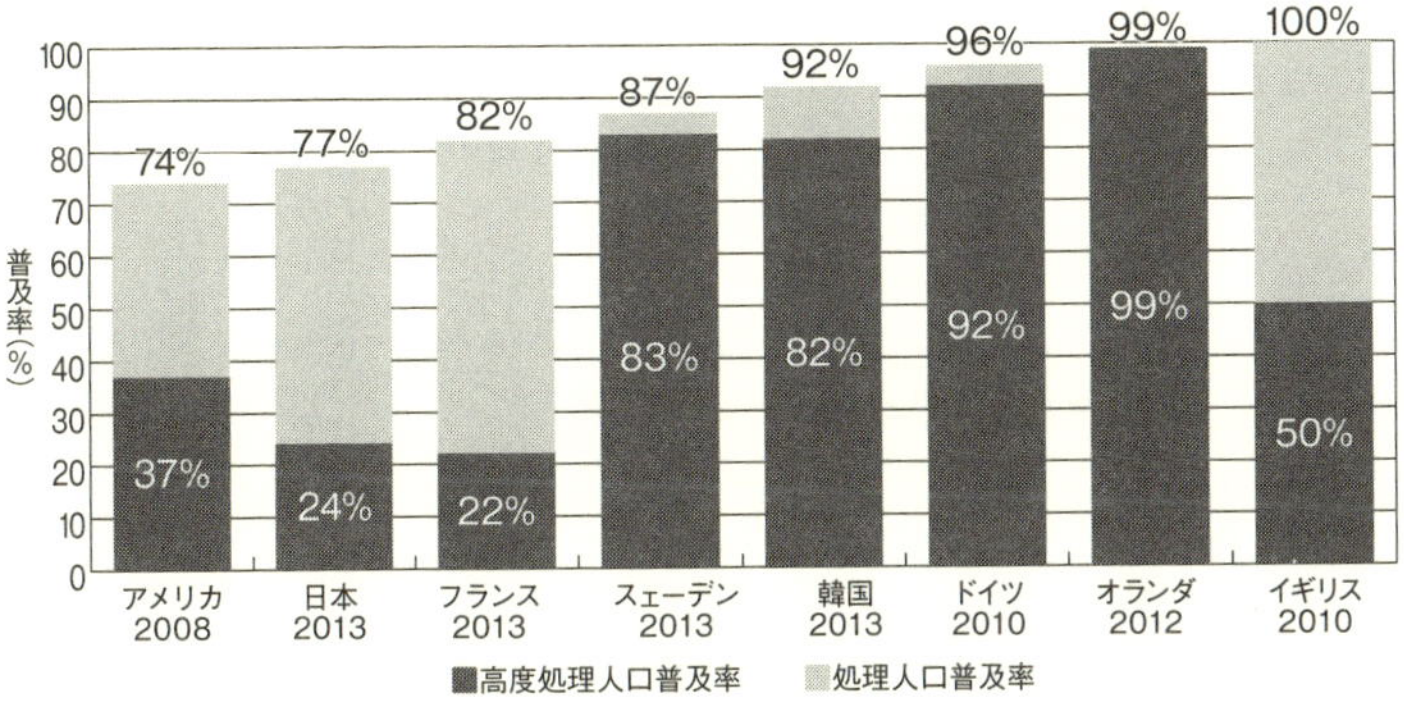

＊本図では総人口を分母として普及率を算出しているので図7-11と数値が異なっている

出典：OECD, StatExtracts

図7-12　各国の下水道高度処理実施状況

なりの差がある。

図7-12は、普及率と高度処理率の各国比較である。わが国の大都市は、東京、大阪、名古屋のいずれもが湾の最奥部に位置している。これらの大都市からの下水処理水が湾の奥で海に放出されるのだが、その処理水からリンなどが抜かれていないというのは、環境上大きな問題だといわなければならない。特にわが国では、下水の高度処理は緊急に行うべき課題なのである。

管路の老朽化

下水道の課題の一つは管路に起因する道路陥没の頻発である。下水管路に起因する道路陥没は年間約四〇〇〇件発生している。下水道は大都市から普及が進んだことから老朽化が大都市ほど進んでいる傾向がある。

そのため、マンホールや管路の点検を進めているが、計画的な点検を実施している地方公共団体は約二割にとどまっているという有様である。国の支援を強めるなどして早急に点検を終了し、対策を強化する必要がある。

合流式と雨水の流出

また、わが国の下水道は普及促進を急いだことから、施工が容易で費用も少なくてすむ「合流式」を積極的に整備してきた。合流式とは、汚水と雨水を同一の管で排水する方式で、このため大雨の時には未処理下水の一部が流出するという問題がある。

今から一〇年ほど前には、降雨時の未処理下水の放流がお台場海浜公園のオイルボールの発見により問題となったこともある。これを契機に合流式下水道の水質改善対策を実施することとし、雨水時の放流量を減ずるために雨水吐けに堰を設けたり、スクリーンを設置してゴミを流さないようにするなどの事業を進めているが、その改善率は二〇一三年末で六五・九％にとどまっている。

千葉県船橋市のように整備済みの都市もあるが、大阪府の八尾市、柏原市、藤井寺市などでは一％にも達していない。この整備は緊急を要するものである。

資源としての下水道

また、下水はある意味で「資源の収集装置」であるともいえるものなのだ。水、リンや窒素などの資源、そして「熱」である。下水汚泥から肥料やバイオガス（メタンガス約六割、二酸化炭素約四割）を得ることができる。肥料は農業に利用され、バイオガスのうちメタンガスは発電に用いられたり、二酸化炭素は炭酸ガス溶解水として海藻養殖に利用するなどの試みも現われている。

ところが、下水汚泥のバイオマスとしての利用率（二〇一二年度）は、エネルギー利用が約一三％、農地利用が約一一％程度にとどまっており、八〇％近くが未利用のままとなっている。資源の有効利用の観点から、これらの利用率を上げてリサイクルを進める必要がある。

また、発電事情が厳しい現在のわが国では、下水を熱源とし、ヒートポンプを活用して熱移動によって空調や給湯に活用する取り組みも各地で試みられている。しかし、ほとんどの事例が下水処理場内であり、地域における利用は、直近で見ても一四件にとどまっている。エネルギー節約の意味でも、さらなる普及が望まれるところである。

④港湾

わが国の貿易（輸出と輸入）をどういう輸送手段で行われているかという視点で見ると、金額ベースでは総額一六〇兆円のうち、海上コンテナが四〇％、海上非コンテナが三六％、航空が二四％（以下数値はいずれも概数・二〇一三年値と二〇一四年値がある）となっている。

これを重量ベースで見ると、総貿易量一三億トンのうち海上コンテナが二〇％、海上非コンテナが八〇％であり、航空は〇・三％となっている。コンテナ化が進んでいると言われるが、資源・エネルギー・穀物などはバルクといわれるバラ積みで輸送されている。

一三億トンの輸送形態を見ると、コンテナが二・五億トンで二〇％、ドライバルク（穀物・鉄鉱石・石炭など）が四・九億トンで三八％、液体バルク（原油・石油製品・ＬＮＧなどのガス）が四・八億トンで三三％、その他（自動車・大型機械など）が一・二億トンで九％となっている。

これらのバルクの取り扱いについて国際競争力の強化の観点から、国際バルク戦略港湾を定めて輸入拠点の形成を図ろうとしている。

図7-13は、コンテナ船の大型化の傾向を示している。ますます経済効率の追求が厳しくなり、

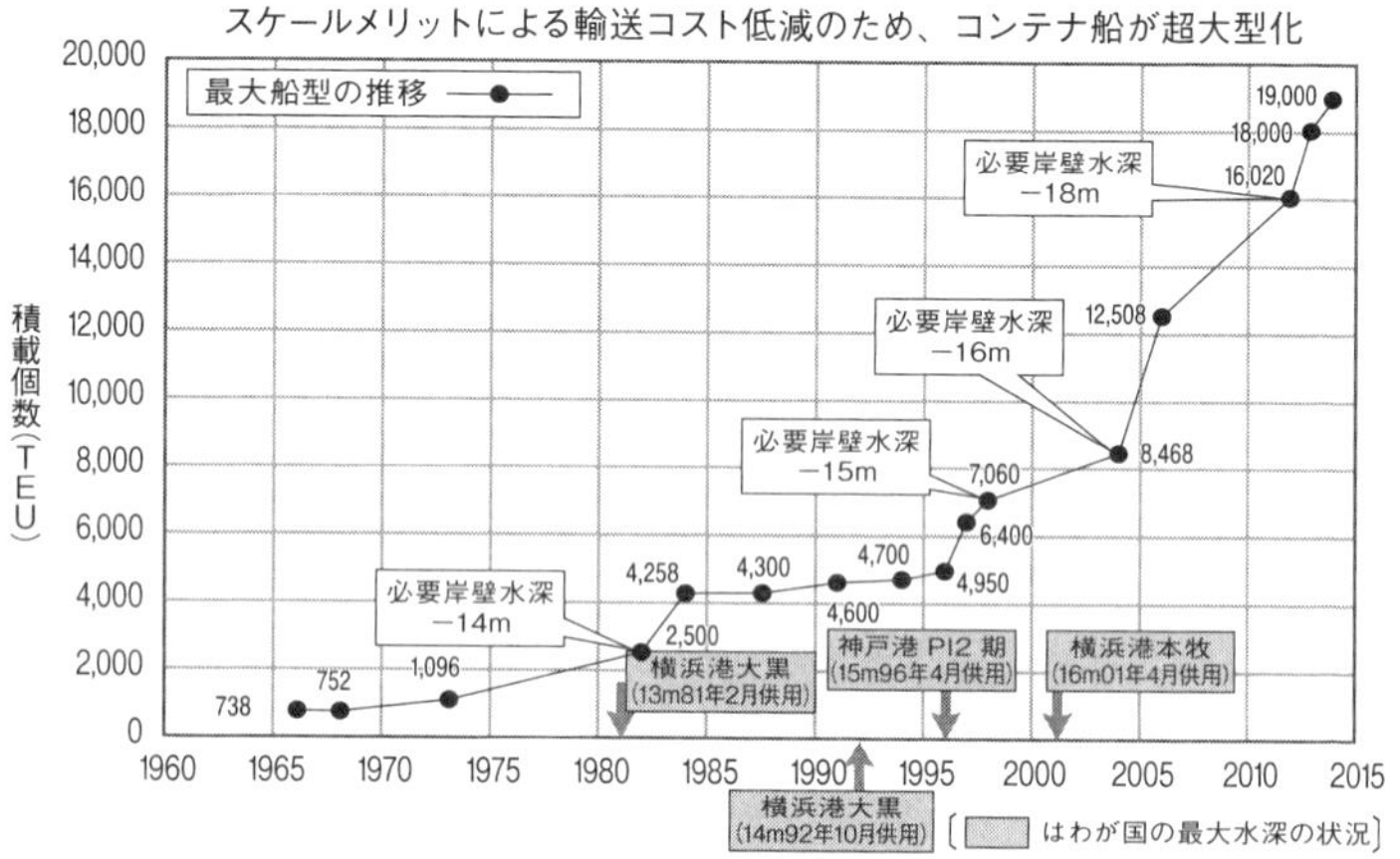

＊１：TEU（Twenty-foot Equivalent Unit）：国際標準規格（ISO規格）の20フィート・コンテナを1とし、40フィート・コンテナを2として計算する単位

＊２：CSCLが19,000TEU積みコンテナ船の建造契約を韓国の現代造船に発注、建造を開始（2014年1月20日発表日本海事新聞より）するなど、今後更なるコンテナ船の大型化が進展する見込み

出典：2004年まで海事産業研究所「コンテナ船の大型化に関する考察」、2004年以降はオーシャンコマース社及び各船社HP等の情報を基に国土交通省港湾局作成

図7-13　コンテナ船の大型化とわが国港湾の最大水深岸壁の推移

そのためコンテナ船の大型化が止まらない。現在就航しているコンテナ船の最大船型は、一万九〇〇〇個（TEU単位）積みであり、すでに二万個積みの船も建造中である。

こうなると大水深バースが必要となるのだが、わが国の現状は厳しいものがある（横浜に最近大水深バースが一つ完成したことはすでに紹介した）。表7-10は、大水深コンテナターミナルの国際比較である。釜山や上海、シンガポールに比べて著しく少ないことがわかる。

そのため、日本を発着するコンテナ貨物のうち東アジアの主要港で積み替えられる貨物が占める割合であるトランシップ率を見ると、

表7-10　大水深コンテナターミナルの国際比較

国　名	港湾名	水深16m以上の岸壁	2013年コンテナ取扱個数〔左列：万TEU、右列：順位〕	
日　本	東京	0バース	486.1	28位
	横浜	6バース	288.8	48位
	名古屋	2バース*1	270.9	51位
	大阪	1バース*2	248.5	60位
	神戸	4バース*3	255.3	56位
韓　国	釜山	21バース	1768.6	5位
	光陽	16バース	228.4	63位
中　国	上海	16バース	3361.7	1位
シンガポール	シンガポール	21バース*4	3224.0	2位
オランダ	ロッテルダム	6,700m*5	1162.1	11位
ドイツ	ハンブルグ	4バース	930.2	15位
	ブレーマーハーフェン	15バース*4	583.1	23位
フランス	ル・アーブル	6バース	248.6	59位
イギリス	フェリクストゥ	2バース	374.0	37位
アメリカ	ロサンゼルス	11バース*4	762.8	18位
	ロングビーチ	4バース	673.1	20位

＊1：航路水深15mで暫定供用中　　＊2：航路水深14mで暫定供用中
＊3：航路水深が一部15mで暫定供用中
＊4：最大水深は16mだが、16m未満のバースが含まれている可能性がある
＊5：バース数が不明なため、バース延長を記載している
出典：各港HP、港湾管理者ヒアリング等に基づく国土交通省港湾局調べ（2015年4月時点）コンテナ取扱者は『CONTAINERISATION INTERNATIONAL』

北米方面では率の上昇に歯止めがかかっているようだが、欧州方面では急上昇しており、約二五％にも達している。

国際的な基幹航路からわが国の港湾が外れると、安価で短時間の直接ルートが減少するという損失だけではなく、わが国企業からの輸送が海外トランシップを経由するというルート選択をせざるを得ず、価格競争力、運送時間、荷傷みなどの点から大きな損失を生むのである。

港湾整備を揶揄して「釣り堀を造っている」などと根拠のないことをメディアが言っているうちに世界から大きく劣後する環境ができてしまったのである。

以上見てきたのは国際物流の拠点としての港湾だったのだが、近年外国人観光客の増加に合わせてクルーズ船の寄港が増え、その船も大型化してきている傾向が顕著と

なっている。たとえば京都府の舞鶴港ではクルーズ船の受け入れ環境整備が進み、また京都縦貫道が完成し舞鶴港と京都市が直結するようになったこともあって、二〇一一年にはゼロだった外航クルーズ船の寄港が二〇一四年には九隻になるなどクルーズ船の寄港が急増している。

二〇一四年にクルーズ船が寄港した港は全国で一〇八港におよび、外国人旅行客も前年の二・四倍の四二万人にもなっている。

わが国の観光戦略の一環として、また地方創生を図るため、クルーズ船をより多く地方に寄港できるよう岸壁の延伸などの港湾機能の強化や入国審査の効率化など、早急な環境整備が必要である。

⑤空　港

成田空港はアジアで新しく整備されてきた空港のなかでも最も古く完成したが、最近では国際線旅客数において仁川（ソウル）やバンコクに追い抜かれ、アジアの主要空港のなかで最下位に転落する有様である。

仁川はいまではアジアをにらむハブ空港として機能している。二〇〇四年にはアジア方面との国際線は成田四八便・仁川六八便だったものが、二〇一三年には成田四〇便・仁川八四便と大きく差がついている。一週間あたりの提供座席数を見ても、二〇〇五年には成田四七三席・仁川三六一席だったものが、二〇一三年には成田四八二席・仁川五二六席（いずれも七月値）となっており、仁川が先を行っている。

空港の乗り継ぎ機能の向上は、多くの航空会社の就航を促進し、直行便だけでは採算が合わない路線についても就航の可能性が出てくる。この乗り継ぎ客が容易ならざる事態になっているのである。二〇〇四年の国際~国際への乗り継ぎ旅客数は、成田・羽田経由が八七四万人・仁川経由が四四五万人だったものが、二〇一二年には、成田・羽田経由が五五九万人と大幅に下がっているのに、仁川は七二一万人と大きく伸びている。

要はわが国の空港は使い勝手が悪いのである。成田空港については、長年にわたる反対運動があり、現在でも暫定型だし滑走路の本数も少ないままである。一部の大メディアは一貫して成田空港整備の足を引っ張ってきた。今日この世界に劣後する状況が生じたのには、わが国のメディアの姿勢も相当に影響している。しかし、過去を嘆いていても仕方がない。空港を経由する人の流れは、多くは情報の流れであり、それはカネの流れでもある。

成田・羽田をどのように連合させるのか、関空や中部空港にどのような機能を持たせるのか、千歳・福岡はそれをどう補完するのか、アジアからの大量の入れ込み客が押し寄せてくる時代にLCC時代を考えた地方空港をどう連携させていくのか、課題は山積している。

LCCが普及してきたことをふまえ、ソウル(仁川)、北京、上海、香港、シンガポール、ジャカルタ、バンコクなどの空港について、滑走路の増設やターミナルの拡張を急いでいるとの報道もある。各国の投資額は総計三〇兆円近くになると見込まれているという。

これらの動きをふまえると、急ぐべきわが国の最大の課題は、成田、羽田のそれぞれの機能の拡大・強化と、両空港をリニアで結ぶなど(約一〇分程度の移動時間となる)により一体化して国際・国内の乗り継ぎを容易なものにし、台頭するアジアの空港との競争力を向上させることである。

⑥都市整備

街路網

都市内で都市計画されている幹線街路の整備率は、六一・七％（二〇一二年度）となっており、少しずつではあるが街路整備は進んできた。都市内の道路である街路は、もちろん、人が歩き自転車が走り車が通るという交通空間であるが、街路樹が中央分離帯や歩車道界に原則としてあるように緑の供給空間でもあり、沿道建築物への採光空間、都市に風がながれる通風空間でもある。

阪神淡路大震災以降注目されているのが、これらの機能に加えて道路が延焼を防ぐ防火空間となることである。この地震では、同時多発の火災が発生して出火元から周辺に広がっていったが、延焼は幅員一二ｍの道路を越えることはなかったのである。

東京都特定整備路線

東京には環状道路七号線やＪＲ山手線周辺に広大な木造密集地域があり、個々の建築の不燃化などを進めているものの、直下地震などで同時多発の火災が起こると全面的な火災になる可能性がある。

そこで、東京都は「木密地域不燃化一〇年プロジェクト」を打ち出し、種々の施策を実施することとしているが、その核となるのが特定整備路線としての街路整備である。総延長約二六㎞にもなる事業であるが、地震の切迫性が論議されている今整備を急ぐ必要がある。

幅員の大きい街路が整備されることについて、地域分断を懸念する向きもあるが、この道路は交通処理というよりは空間整備という性格の道路であるから、空間利用についてもコミュニティ形成に資する工夫が必要である。

木造密集地域が広く存在しているのは東京だけではない。関西にも広大な地域があるし、ほとんど全国のどの都市にも存在するといって過言ではない。区画整理や市街地再開発を行うのもいいのだが相当な時間と手間がかかる。これらの都市においても東京都方式は有効だ。

地震の危険のない都市など存在しないわが国であるから、防災対策としても有効な街路網整備は早急に全国展開する必要がある。

新交通システム（LRTなど）

富山市のLRT（次世代型路面電車システム）が成功して都市内交通のあり方についての議論が広まっている。かつて車に追い出された路面電車だったが、都市内からできるだけ自動車を排除しようという動きが強まってきている。

人口あたり交通事故死者数（二〇一二年）を見ると、自動車乗車中はG7最高のわずか一・三人（／一〇万人・最低はアメリカの七・四人）なのに、歩行中と自転車乗車中をあわせた死者では、最悪の二・一人（／一〇万人・最高はイギリスの〇・九人）となっている。

高齢化の急速な進展がある今後はさらに自動車に頼らない都市づくりが必要だ。LRTの導入や路面電車の利便性向上など、都市内交通のあり方を探っている都市は、札幌市、宇都宮市、福井市、長野市、岡山市、鹿児島市など一八以上におよんでいる。

わが国の路面電車（LRT含む）は、現在一七都市・延長約二〇〇㎞だが、フランスでは二八都市約六〇〇㎞となっており、かつ近年延長の伸びが大きくなっている。これはフランスでは「都市圏交通機構」という組織に一律に運行委託されているということに加え、整備と運営についての公共の関わりの違いが大きく効いている。

わが国でも整備にはフランスと同様に国等の財政支援があるのだが、フランスにはわが国にはない運営費にも税からの支援があるのである。各都市の運営費を運賃でまかなっている割合は平均して三〇％程度だという。完全独立採算を求められているわが国とは大きな違いがある。

今後都市内交通を考えるうえで、国等からの支援の充実を考える必要がある。

踏　切

わが国の都市内交通の最大の弱点が多くの踏切の存在である。踏切事故は長期的には低減傾向にあるが、二〇一四年でも事故件数二四八件、死亡者数九二人となるなど、大きな問題であり続けている。踏切事故は死亡事故につながりやすいが、踏切事故死亡者の八二％が歩行者であり、またその四一％が六五歳以上となっている。

とにかくわが国では踏切数が極端に多いのである。二〇一三年の調査によると、各都市の踏切数は、東京二三区六二〇、ニューヨーク四八、ロンドン一三、ベルリン四六、パリ七、ソウル一六だというのだから、わが国は超別格だ。ちなみに、二三区内の鉄道延長は三八五㎞であるから鉄道延長から見た踏切の密度は㎞あたり一・六一カ所にもなり、鉄道の延長約六〇〇ｍごとに一つの踏切があることになる。

わが国の鉄道整備は明治期以降急いで行われたため、高価になる高架構造が少なく安価でできる平面構造で建設したことがそもそも踏切が多い理由となっている。パリなどは延長的にはそんなに少ないのに、これだけ踏切が少ないのは鉄道が当初から高架で造られているからといわれる。初期投資を削ることばかりに熱心だと後世に大きな宿題を残すことになるが、これは明治の初めだけのことではないようだ。

厖大な踏切が人の命を奪い、人の活動に時間的な損失を与えている。人の踏切待ち損失だけで二〇一三年度で一二三万人・時／日になるという試算もあり、毎年一兆円を失っている計算になる。

このため、全国の踏切約三万六〇〇〇カ所のなかから、歩道が狭隘だとか自転車や歩行者にとってボトルネックになっている踏切や開かずの踏切など、緊急対策を要する踏切を一九六〇カ所計上して、整備を急ぐことにしている。

開かずの踏切は、九〇％以上が首都圏と近畿圏にあり、わが国の経済中枢の機能を大きく損なっている。その抜本対策として複数の踏切を一挙に除去する連続立体交差事業があり、現在全国五四カ所で実施している。なお、これまでにこの連続立体交差事業で一六〇〇カ所の踏切が除却されている。

関東では京浜急行蒲田付近の事業が最近完成し、箱根駅伝の名所踏切がなくなったなどと報道された。しかし、この事業は施工主は京浜急行電鉄であったが、事業主は東京都であり、都の都市計画部局が国土交通省からの交付金を利用した「公共事業」であった。

この事業効果のわかりやすい連続立体交差事業が、鉄道会社の事業ではなく公共事業であったことを積極的に書いたメディアがなかったのは不思議なことであった。

東京都といえども政府の交付金に頼らざるを得ないほどの大きな金額を要してしまうのが、連続

表7-11　諸外国公園現況

都市名	調査年	都市的地域面積（ha）	都市的地域人口（千人）	緑地面積（ha）	1人あたり公園面積（m^2/人）	公園面積率（%）
シンガポール	2007	70,701.0	4,839.4	2,480.1	5.1	3.5
ソウル	2007	60,526.0	10,421.8	11,753.7	11.3	19.4
バンクーバー	2008	11,471.0	578.0	1,332.5	23.1	11.6
ワシントン	2007	15,900.0	588.0	3,077.0	52.3	19.4
サンフランシスコ	2007	12,100.0	776.7	2178.8	28.1	18.0
ニューヨーク	2007	78.943.0	8310.0	15,453.1	18.6	19.6
ロサンゼルス	2007	121,000.0	3849.0	9,616.0	25.0	7.9
ボストン	2009	12,536.0	589.1	1,891.7	32.1	15.1
ブラジリア	2009	47,212.0	202.4	876.3	43.3	1.9
エディンバラ	2009	25,900.0	465.0	1,035.2	22.3	11.1
パリ	2009	10,540.0	2,201.2	2,561.1	11.6	24.3
ウィーン	2003	41,489.0	1,677.9	3,647.3	21.7	8.8
ベルリン	2007	89,164.0	3,420.0	9,557.0	27.9	10.7
ハノーバー	2008	20,414.0	518.1	1,554.8	29.8	7.6
シュトゥットガルト	2006	20,735.0	592.9	1,348.0	22.7	6.5
ストックホルム	2007	21,800.0	800.0	6,400.0	80.0	29.4
ソフィア	2009	131,000.0	1220.0	5,441.0	44.6	4.2
キャンベラ	2005	38,566.0	324.0	3,345.0	103.2	8.7
東京特別区	2008	61,493.1	8617.0	2,561.5	3.0	4.2
大阪市	2008	22,496.0	2645.0	931.4	3.5	4.1

立体交差事業なのだが、これこそが踏切事故や時間損失の抜本解決策である。

都市に安全と移動効率の向上をもたらすために急ぐべきインフラ整備の一つである。

公園緑地

都市における公園や緑地は住民の憩いの場でもあるし、都市の景観を形成する重要な要素で、都市に品格を与えるものである。特に土地利用の高層化が進む大都市においては、「上空に何もない無の境地」とでも言うべき空に向かって開放された空間は、人々の心の安寧や安らぎのためにきわめて貴重で不可欠な空間である。

わが国の場合は、すべての都市に大地震の可能性があるから、公園緑地という都市空間はいざという時の、避難・救急・仮住まい・救援物資の受け入れなど、災害時の多目的空間という意味も持っている。

したがって、都市に占める公園緑地空間は他国の諸都市よりも大きくなければならないというのが常識だろう。ところが、表7-11は、住民一人あたりの公園面積が、東京や大阪は世界の他都市との比較において「桁違いに小さい」ことを示している。これらの都市は昼間は周辺地域から人を集めているため昼間人口で見ればさらに小さくなる。

直下型地震やトラフ型地震が切迫している現在、東京で行うべきは、第二、第三の日比谷公園級の公園整備であり、いざというときに備えた空間整備なのである。それが世界都市となるための風格を東京に与えることにもなるだろう。

IMFや世界的経済学者の最近の認識

二〇〇八年のリーマンショックから、世界の経済は過去の方程式が効かない新しい時代「ニューノーマル」の時代に入ったといわれる。小さな政府指向や規制緩和といった政策では、人々の窮乏化が進むばかりだし、財政も回復しないことが明らかになってきた。

それは、わが国のこの二〇年の経験が証明している。一九九五年の財政危機宣言以来、公共事業費をひたすら削減してきたが、経済は成長しなかったから税収は伸びず、債務は減るどころか増え続けてきたのである。

これらの実態をふまえて、世界ではどのような議論が展開されているのだろうか。

まず、最近のIMF（国際通貨基金）の動きを見てみよう。

二〇一三年のレポートでは、「インフラは経済における生産での不可欠な要素」であるとし、「経済のあらゆるセクターにおいて、インフラに依存しない生産プロセスは想像しがたい」と述べた。

インフラの充実は生産性の向上に寄与するからとして、インフラ投資の重要性を述べたのだった。

二〇一四年のサーベイレポートでは次のように述べている。

「公共インフラ投資の増加は、残された数少ない成長促進のための政策手段である」「公共インフラへの投資の拡大は、短期的には需要の増大、長期的には経済の生産能力の向上により生産を向上させる」

緊縮財政を迫り、とにかく小さな政府をと叫んでいた新自由主義のＩＭＦとは様変わりなのである。

二〇一四年のＩＭＦレポートでは、政府による需要創出に加えて民間投資を誘発する効果を、クラウディング・インと銘打って次のように言うのである。

「インフラが提供するサービスが民間投資と高度に補完的であるため、潜在的に民間投資をクラウディング・インさせ、総需要を増大させる」

公共投資が民間投資の邪魔をするというクラウディング・アウトというフローの話なのではなく、インフラストックとして効用を発揮して民間投資を呼び込む効果を見ようというのである。

これは今頃何を言っているのかというほど当然のことで、わが国でも最近の圏央道などの供用により沿線に大規模な工場や物流施設の投資を呼び込んでいる実績がある。われわれもこの効果を公共投資のストック効果として主張してきていたのに、これまでわが国のメディアも経済学者も注意を払わなかったのだ。

次に、著名な経済学者たちの意見を拝聴してみよう。

まずは、ハーバード大学の大学者、ローレンス・サマーズ教授である。彼は、現下の経済情勢ではインフラ投資の重要性が増しているとの見解をたびたび表明している。

二〇一四年には、「（経済の長期停滞を克服するためには）インフラの更新や補強のための公共投資の拡大によって、需要を創出することが最も有望である」と述べた。

また、現下のアメリカのインフラ投資について触れ、「アメリカではインフラの減耗分が投資額を上回っており、純投資ベースではゼロまたはマイナスが続いている。インフラの投資をしないことは、後世にツケを送っているにすぎない」というのである。

先に見たように、アメリカは過去二〇年で二倍近くにインフラ投資を増やしてきたのに、サマーズはこのような認識を示すのだ。では、半減させてきたわが国は、一体何をしてきたことになるのか、戦慄すら覚えるではないか。

サマーズはまた面白い表現を使っている。新自由主義にはセイの法則というのがある。それは「供給は常にそれに等しい需要を作り出す」というものである。需給曲線の交わるところで価格は決まり、そこで需要と供給は釣り合うとすると、「作ったものは、すべて売れてしまう」という現実離れした、このセイの法則となる。

サマーズは、そうなのではなく現在の経済状況では「逆セイの法則」が働くと言い、「需要の不足が経済の供給能力を低下させ、供給能力が減速する」というのである。

まさに、わが国の建設業が陥っている状況そのものである。二〇年間にもわたって公共事業費を削減してきた結果、多くの建設会社は、建設機械は売却し、作業員は退職させてしまっていた。そこに東日本大震災が起こって、にわかに事業量が増加したが、機械のオペレーターにしても鉄筋工や型枠工にしても、素人が「はい明日からできます」というものではない。

大災害頻発国であるにもかかわらず、建設の供給能力を毀損してしまっていたのだ。国土の実情に応じた「建設供給力」という考えが必要だったのである。

次は、ジョゼフ・スティグリッツ・コロンビア大学教授である。彼は、二〇一二年に次のように述べている。

「政府の公共投資——インフラと教育と技術への投資——は、全盛期の成長を下支えしてきており、今世紀においても成長の基礎となる潜在性を秘めている。将来的に公共投資は経済を拡大させ、民間投資の魅力をさらに向上させることになるだろう。」

これは先のIMFのクラウディング・インとまったく同じ発想である。

また、スティグリッツは、公共投資増大による財政赤字の拡大を懸念する声に対して、「国家予算は家庭の予算に似ているというのは神話にすぎない」と述べ、さらに「GDPの増加額は、政府支出額の数倍になり、税収も増えるので財政赤字を心配する必要はない」とまで言い切っている。

アナトール・カレツキーは、ロイターの金融エコノミストであるが、二〇一四年一一月に次のように発信した。

「財政政策は、マクロ経済面の影響では金融政策に大きく劣るような議論がされてきた。しかし、現実は逆だった。

金利がゼロ近傍に下がったことで、さらなる利下げにより民間需要を刺激することは不可能となり、このことは金融緩和が財政引き締めを相殺することができなくなったことを意味する。この結果、あらゆる財政赤字削減は紛れもないデフレ要因となった。」

一九九五年の財政危機宣言以来の緊縮財政の継続が、デフレ経済からの脱却を阻んできたわが国の状況をピタリと説明している。

紹介してきた経済学者は、現下の経済情勢ではインフラ投資の拡大こそが重要だと口をそろえている。わが国の経済学者や評論家の論説ばかりにさらされてきた人には、大きな驚きに違いない。

わが国のメディアなどに流れる論調が、いかにも一本調子で幅がなく全体主義的であることに驚くべきなのだ。わが国では、昔も今もメディアからは、他論や異論は排除された情報が人々に届けられているのである。

3　経済成長と財政健全化に向けてやるべきこと

わが国が、経済を成長基調に乗せ、競争力をつけながら財政の健全化をGDP比で図っていくためには、先進各国の首脳やトピックスで示した経済学者などの認識で明らかなように、インフラ整備の必要性とそれによる内需拡大の重要性はきわめて大きい。

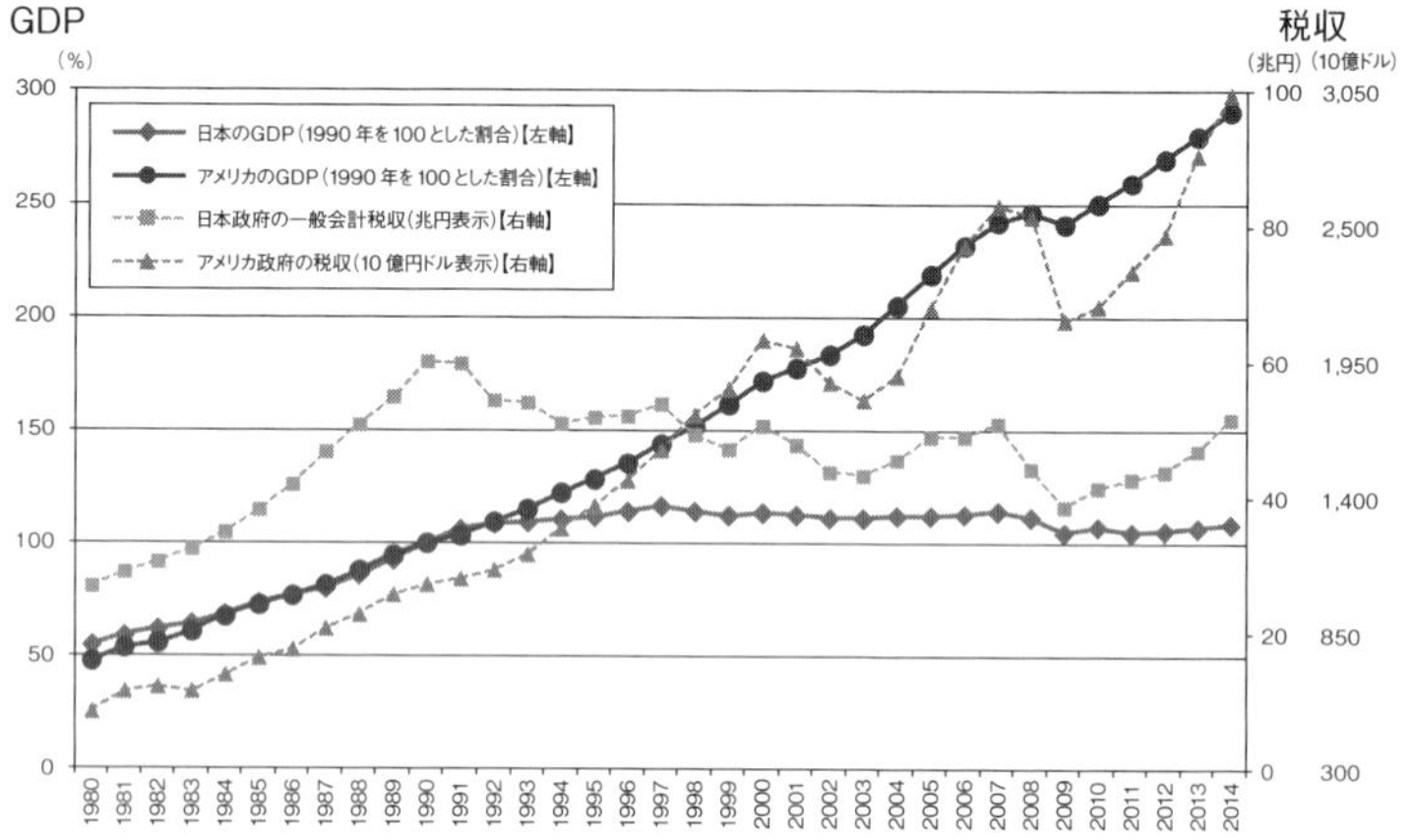

出典：日本のGDP—IMF-World Economic Outlook、アメリカのGDP—U.S. Bureau of Economic Analysis（BEA）
日本政府の一般会計税収—財務省「日本の財政関係資料」（平成27年3月版）、アメリカ政府の税収—ホワイトハウス（米国大統領府）

図7-14　日米の名目ＧＤＰと税収の推移

一部の経済学者は財政再建のためには消費増税こそが有効だと主張するが、日米を比較した図7-14を見れば明らかなように、この国の問題はこれだけの内需国なのに、国内でのサービスや財の巡りが悪くなっているために、総税収が伸びてこなかったことなのだ。

アメリカで税収が二倍になったこの二〇年間、わが国の税収がまったく伸びなかったことこそが問題なのである。これにはこの間ＧＤＰの大きな構成要素である公共事業を半減レベルにまで削ってきたことが大きく効いているのである。

高齢化に伴う社会保障費の急増に対しては種々の対策が必要だが、なんといっても総税収の増加を図る政策こそが必要なのである。

まして、すでに示したようにわが国の各

種インフラの整備水準は、まだ十分なものではない。急いでやるべきものは山積しているが、これから重点化して投資を拡大すべき項目を列挙していきたい。

①建設国債についての認識

実は、わが国の財政は二つの財布から成っている。

一つは、税収一般と特例赤字公債を原資とする財布である。社会保障費が急増し、毎年、特例公債を大増発しなければならない状況では、この財布からは公共事業に回す余裕はまったくない。

そこで、二つ目の財布が用意されており、それは建設国債を原資とするものである。財政法の縛りにより、この財布からは教育や防衛など、公共事業以外に支出することはできなくなっている。

このことから明らかなように、「公共事業費を伸ばしても、社会保障費や教育費・科学研究費などを減額しなければならない事態は生じない」のである。逆に、公共事業費を減らしたところで、教育費などの予算が増えることはない。

建設国債にしても、政府の国民に対する債務であることに変わりはないが、これは純然たる債務(純債務)ではなく、「建設国債発行残高分の資産が、インフラストック(=社会資本)の形でわが国土に蓄積されている」のである。

建設国債は道路、橋、港湾、ダム、堤防などに姿を変えて、「現在及び将来世代の生活の、安全、効率、快適のための資産」として、この国土の上に残っていく「将来世代の財産」となっている。

イギリスでは、ブレア首相の時代から政府債務としては純債務のみを計上しており、それはキャメロン首相にも引き継がれているという。

見合いの財産が残る建設国債によってインフラを整備し、安全で競争力ある国土を形成し、経済を成長させて税収の増加を図ることこそが、わが国の喫緊の課題なのである。

②投資をしない民間企業

なぜ政府が投資をしなければならないのかについて、付言しておくべきことがある。インフラによって、安全で競争力ある国土を形成することに加え、「政府による投資」が必要な状況にあるからである。

それは、近年企業があまり投資をせず労働分配も増やしていないうえに、内部留保ばかりが拡大しているからである。二〇一四年には、資本金一〇億円以上の企業が保有する内部留保は、前年比一三兆円も増加して過去最高の二八五兆円にも達した。

それは近年の企業統治制度の改革により、株主代表訴訟などが提起し易くなったことから、必要な投資でもリスクをともなうものは回避されるようになってしまったことが大きく効いている。設備投資にリスクがないなどということはあり得ないにもかかわらず、リスクを避けようとして投資を行わず、内部に資金を積み上げているのである。

さらに、四半期決算制度を入れるなどしたため、経営者が短期の成績ばかり気にするようになったことも、必要な投資に躊躇する状況を生み出している（近年の東芝事件がその典型である）。

また、高齢化が進展すれば家計の金融資産は減少すると述べた経済学者がいたが、実態はまったく逆で、すでに高齢化は著しく進んでいるのに、家計の金融資産も二〇一五年六月には一七一七兆円に拡大し、前年同期比五・六％も伸びて新記録を更新している。

このようにわが国では今、企業も家計もお金を使わないのである。江戸の町民は経済がわかっていたのか、「金は天下の回りもの」と言ったが、まさにお金は社会に回ってこそ効用を発揮する。誰もお金を使わなければ、その国の経済は逼塞し崩壊する。建設国債の増発によるインフラ整備を主張するのは、これも大きな背景なのである。

防災・減災施策の充実

最近、わが国を含め世界の気象はずいぶん荒れ気味であるとの印象がある。ヨーロッパでは洪水が頻発しているし、アメリカでは、東で豪雨・竜巻、西で干魃と山火事とのニュースが連日放送されている。

わが国でも、降雨のゲリラ化が止まらない。すでに述べたように、先がほとんど見えなくなるような時間雨量五〇～一〇〇㎜という雨が頻発している。

また、東京直下や東海・東南海・南海といったトラフ型の大地震の発生や、さらにそれらが連動して起こるのではないかとの懸念も広まっている。桜島、浅間山などの火山も活発化しているし、二〇一四年九月の御嶽山噴火では、観光シーズンであったため五七人の死亡者と六人の行方不明者が出てしまった。また、二〇一五年五月には、箱根大涌谷で地震が頻発し水蒸気爆発の発生が懸念された。二〇一五年九月の鬼怒川や渋井川の堤防決壊も記憶に新しいところである。

大災害頻発国では、自然災害への備えはいつの時代にも喫緊の課題であり続けている。東日本大震災では、災害への備え方を多様に考えなければならないことを含め実に多くの教訓を得た。これを今後に活かさなければならない。

やはり第一には「防ぐ」ことであるに違いない。一〇〜五〇年に一度という発生頻度を持つレベルの災害には施設を整備することによって何とか防ぐということである。また施設整備には単に「防ぐ」だけではなく、津波を例にいえば到達波高を下げたり、到達時間を遅らせたりして「いなす」機能も持たせる工夫が必要である。

第二は、危険な地域に住まないことによって災害を「避ける」ことも重要である。二〇一四年の広島の土砂災害は残念なことに、結果的に防災が不十分な危険地域に住んでしまった悲劇でもあった。三陸などでは、災害直後には津波被害の反省から高台居住をはじめるのだが、生活利便性を求めて時間が経つとまた津波の到達地域に住んでしまうということを繰り返してきた。

生活利便性のあまり低下しない高台居住は不可能なのかを、移動手段が多様化した現在もっと模索してもいいと考える。

そして、第三は「逃げる」である。予見不可能な自然の力がわれわれを襲うことがあるとの前提である。脆弱国土のこの国であるから、たとえば山腹の深層崩壊が起これば、逃げようもないということもあるだろう。しかし、とにかくひたすら「逃げる」しかないこともあるとの選択肢はどこのどの災害を考えるにせよ、考慮に入れておくということなのである。

これらのどの方法で命を守るにせよ、そのための「インフラの充実」は、それぞれに不可欠なのである。これらの三つの手段を用いて、人々の命を守るために、地域の特性や実情に応じたインフラの整備は、まずなんといっても最も急ぐべき課題である。

経済競争力の向上（=経済成長の実現）

これは換言すれば、「モビリティの重要性についての認識を改めよ」ということでもある。モビリティの高さが、圧倒的な競争力をドイツにもたらしていることはすでに示した。つまり、ドイツのメルケル首相らが連立政権合意でモビリティの重要性にふれたような認識をわれわれが獲得できているのかということなのである。

物流を担っている海運（=港湾）と自動車輸送（=道路）が、効率物流に資するよう整備配置されていなければならないし、人流を担っている新幹線・鉄道・道路が豊かなネットワークを持ち、相互にシームレスな円滑性を確保できていなければならないのである。そのためには、高速道路と港湾等を結ぶための「ラストワンマイル」の道路整備が欠かせない。

コンテナ船の大型化傾向はすでに示したが、その影響を受けてトランシップが急増していることを示した。このことはわが国の経済競争力の著しい毀損を生んでいる。

首都高速道路の中央環状線が完成して、新宿から羽田空港への連絡時間が四〇分から一六〜一九分に短縮され、さらに既存の都心線の渋滞が著しく緩和した。ということは、この完成前には、われわれは大きな時間損失、経済損失を出し続けていたということなのである。

またこの完成は、時間あたりの労働生産性の向上に相当に貢献したということになる。総人口や生産年齢人口減少の前にたじろいでいるわが国だが、一人あたりの生産性の向上こそがその対応策の切り札である。そのためには、効率よく配送したり立ち回ったりできる環境が必要で、このことは次にトピックスに示すように世界の常識なのである。

このように、生産性や競争力の向上に寄与するインフラ整備は喫緊の課題であり、これこそがわが国経済を成長軌道に乗せるデフレからの脱却を確実なものにするのである。先に示したように世界の一流経済学者の述べている通りなのである。

一極集中からの脱却と地方創生

東京・首都圏は一九五〇年頃には総人口の一五％程度の人口規模で、パリやロンドンと同様であった。しかし、その後パリもロンドンも人口シェアをまったく上げていないのに、日本の首都圏だけがシェアを上げ、最近では総人口の三〇％もの人を集め、今なおそれが増加中なのだ（図7-15）。すでに総人口は減少しているのに二〇一五年には首都圏に一一・九万人もの転入超過があったのである。

パリにもロンドンにも壊滅級の地震が襲うことは考えられもしないが、首都圏は直下型やトラフ連動型の大地震が近未来に襲うことが確実視されているのである。いまだに進む一極集中は異常なことなのだという認識が欠けていることこそが問題だ。

この集中のままで、大規模な東京直下地震が起きれば、わが国は世界経済恐慌の引き金を引くとともに、アジアの貧国に転落することだろう。集中解除は、最も喫緊の課題なのだが、その危機感のなさが「日本の危機」なのである。

一九九二年からの首都機能移転論は誘致合戦で混乱し頓挫してしまったにもかかわらず、その代替案が提案されていない。東京から日本の中心機能などを各地に分散させるとともに、二四時間化した世界経済のアジアが受け持つべき八時間を東京が担うために世界都市としての機能向上を図る

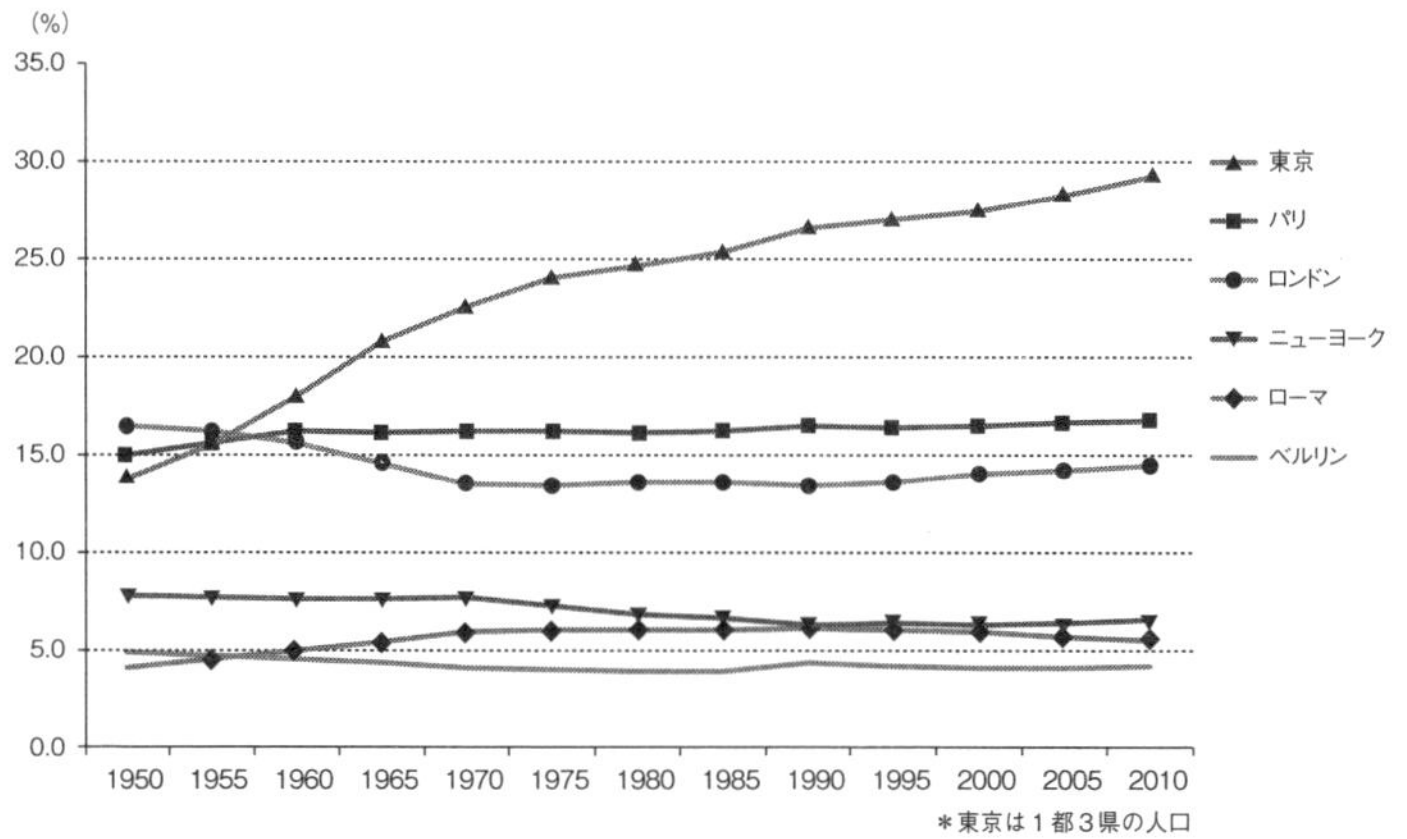

出典：中央公論2013年12月号『2040年、地方消滅。「極点社会」が到来する』増田寛也+人口減少問題研究会

図7-15　全人口に占める最大都市圏人口の推移

「分散と世界機能都市」が並行して議論されなければならない。

首都圏にはそのために成田・羽田の両空港の一体化（たとえばリニア鉄道で結べば約一〇分で連絡できる）とか、環状道路や放射道路のさらなる充実も必要だ。

首都圏論と同時に研究されなければならないのが、話題の「地方創生」である。このためには地方において「コンパクトな町造りとそれをネットワークでつなぐ」施策が欠かせない。地域間がリダンダンシー豊かなネットワークで結びつきあっていることが、地域の個性を育てるのである。

日本創生国土計画（JAPIC・日本プロジェクト産業協議会で筆者も参加してとりまとめたもの）では、一国二制度を提唱した。東京を頂点として各都市や地域が階層的な序列で並んでいるのではなく、東京は世界都市として切り離して日本の顔としながら、日本の中心機能を各地が分担しながらネットワーク化してまとまっているイメージである。

地方はそれぞれがオンリーワンであり、ナンバーワンとなる地域資産を見つけ磨きたい。従来のように、「あれがないから補助金が欲しい」「隣にあるからうちにも欲しい」というのではなく、「うちにはこれがあるからそれを活かしたい」「うちには隣にないものがある」という姿勢である。

これは言うは易しく行うは簡単ではない。前者は近所や隣を眺めていれば欲しいものが見つかったのである。後者は「自分たちであるものを見つけ、それで行くのだとの主体性の発揮」が不可欠だからである。

主体性の発揮がなければ連携もできない。相互の役割分担が連携であるから、役割を担うという主体意識がなければならないのだ。

南会津の夏

首都圏・東京への一極集中の非効率性と大災害が切迫するわが国にとっての危険性はすでに指摘した。首都圏への集中は経済的に合理性があるという経済学者もいるが、最大都市圏への人口集中がまったく起きていないイギリス、フランス、ドイツなどがこの二〇年間大きく経済成長したのに、わが国はまったく経済成長していないことも示してきた。ここでは、国土を広く使うことが、地方の再興の材料となればと願って記すものである。

二〇一五年の夏も全国的に猛暑が続き、毎日、何名かの熱中症による死者が報じられた。近年の夏の猛暑は毎年耐えがたいものがあるが、二〇一〇年の夏も同様に大変暑く、熱中症による高齢者の死亡が連日発生していた。

この年、筆者が当時政策顧問をしていた福島県南会津町の宿泊施設に、八月のお盆をはさんで滞在した。そこは衆議院議員であった渡部恒三氏の生家を改造したという大きな古民家であった。昼過ぎに到着したのだが東京と変わらない猛暑であった。

エアコンなど見当たらず、これで夜は寝ることができるのかと心配し、「雨戸を開けて網戸で寝ることができますか」と聞くと、「網戸はないし雨戸も閉めて寝る」というのである。東京で熱帯夜が続く夏の最中に、雨戸を締め切ったままエアコンもなくて大丈夫かと大いに不安になったのだが、結局それは杞憂だった。

夜になると気温がグングンといった感じで下がり始め、夜中には足下に置いていた掛布団を引き寄せなければならないほどだったのだ。

過疎に悩むこの町は標高五〇〇mあたりにある。造り酒屋も健在で小さい温泉も点在している。伝統工芸品もあるし地域のお祭りも苦労しながら何とか継続している。水も緑も豊かな日本の原点のような町である。

なぜエアコンを回し続けて熱風を外部にはき出し、さらに町中を暑くしながら生活する（暖房と違って冷房は必ず熱交換を必要とする。内部を冷やしている分だけ外部を暑くしている）のではなく、夜は締め切っていても掛布団が必要になる場所にやってこないのか。一時避難でもいいが、できればここに何とか雇用の場を創出して永住して欲しい。

あふれるほどの星座と飛び交う蛍を見ながら、国土を広く使う工夫、つまりは政策が決定的とまでいえるほど不足していることを感じたのだった。経済学者の言うことは正しくない。東京一極集中は壮大な無駄を生んでいると感得したのだ。

内需大国・日本

かつては、一人あたりＧＤＰは世界のトップクラスにいたわが国だが、構造改革などと叫んでいるうちに、どんどん順位を下げていき、現在では二七位あたりを低迷しており、わが国の世界における経済的地位は、すでにこのあたりまで低下したと認識しなければならない。

経済大国意識から転換して、いかにしてこの国を発展させるのかという意識に戻る必要がある。このままでは政策の失敗のために、先進国から発展途上国に転落する最初の国になる可能性が高いのである。

われわれは、改革をすれば何とかなるとか、自由貿易を進めると発展するだとかといった幻想からもう脱却すべきなのだ。図7‐16は、主要国の輸出依存度（輸出額／ＧＤＰ）の推移を見たものである。わが国は、主要国のなかではアメリカに次ぐ内需国である。国内にモノやサービスが回ることで経済の大半が成り立っている世界でも珍しい国なのだ。

もうわかったような新自由経済主義の「競争と短期評価」というわれわれ日本人には合いもしな

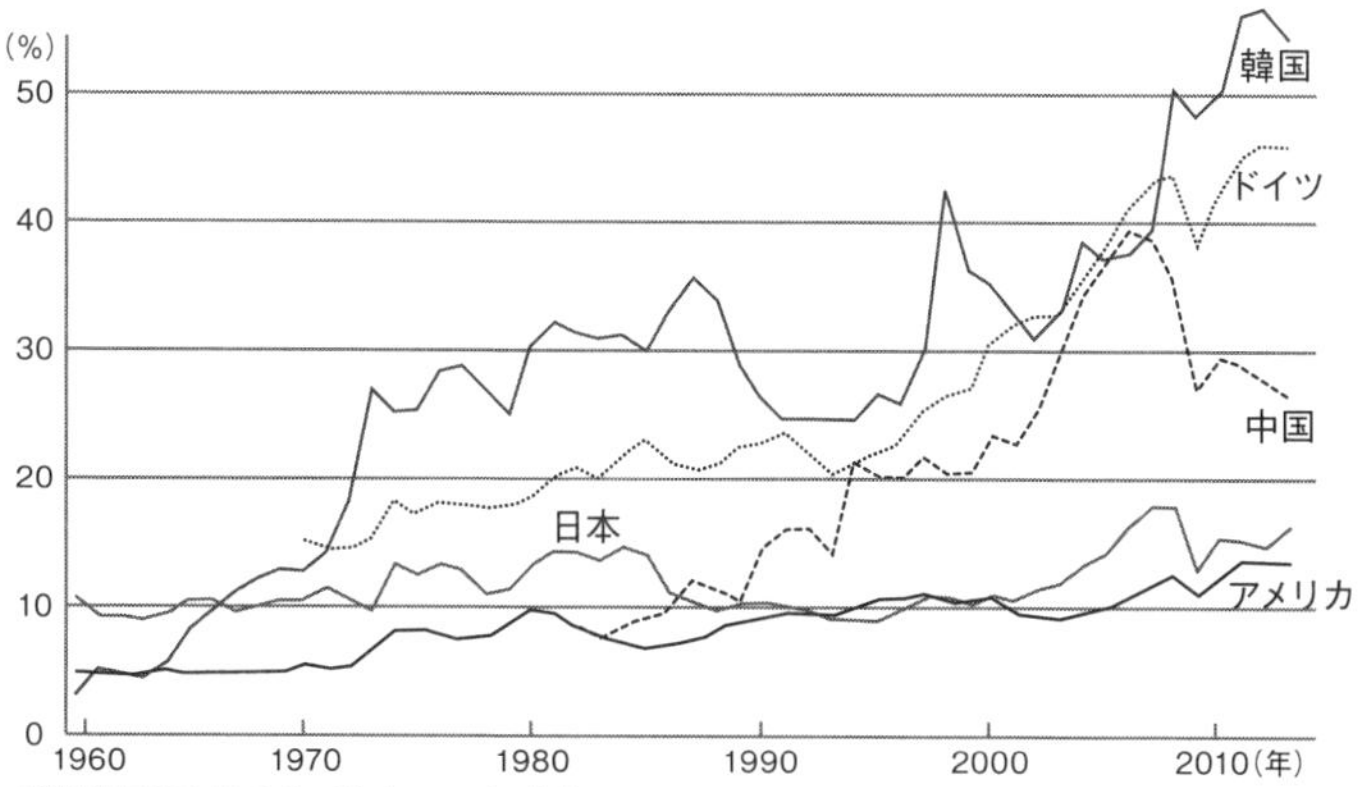

*世界銀行WDIオンライン・データベースより作成

出典：施光恒『英語化は愚民化　日本の国力が地に落ちる』（集英社新書，2015年）

図7-16　各国の輸出依存度（対GDP比）

いドグマから解放されて、われわれの強さを発揮できる方法で地道に歩む道を発見するときが来たのである。

先に示したように、今や世界の経済学の主流は、リーマンショックに学んで反省するとともに、緊縮がEUを弱めて不安定化してきたことに警鐘を鳴らし始めているのである。

このことと同時に、この二〇年世界のなかでわが国だけが経済成長して来なかった事実が、われわれに新たな政策展開の到来を告げていると理解しなければならない。

日本人が、より安全に、より効率的に、より快適に暮らすことができる環境整備・インフラ整備こそ喫緊の課題なのである。国土は働きかければ、必ず恵みを返してくれるのだが逆も当然真なりで、何もしなければ国土は何も返してはくれないのである。

第
III
部

国土学の哲学

藤井 聡

我々人間は物理的肉体的存在であると同時に、形而上的精神的存在でもある。したがって、我々の住処たる国土もまた、物理的肉体的存在であると同時に形而上的精神的存在でもあらねばならない。この視座から国土を見据え、働きかけることができた時にはじめて、我々の生は躍動し、精神の大地たる国土に根を張ることが許される。国家の安泰、国民の安寧の実現は、この生の躍動なくしてあり得ない。

第8章

「国土に働きかける」ということは「生きる」ことである

国土学の哲学を論ずる本章では、まず、オルテガやハイデガーの議論を踏まえ、国民国家の「インフラ」（下部構造）である国土と、その「スープラ」（上部構造）である経済、文化や社会的諸制度との間で循環し続けることそれ自身が、「国民国家の生のプロジェクト」であるという点を明示的に描写する。そしてそのうえで、キルケゴール、ハイデガーの議論を踏まえつつ、今日、日本に於いて国土に対する働きかけが停滞しているということそれ自身が、日本国家の生の衰弱を意味しているという点を指摘する。すなわち、国民の「住処」である国土を作り上げる努力を放棄しつつある今日の日本国民は、「本物の暮らし」を打ち捨て、「生きる」ことを放棄しつつある民であるということを指摘する。そして、ゲーテの指摘を踏まえつつ、国民がそんな「死に至る病」に冒された「偽りの暮らし」と決別し、本物の暮らしのなかで「生」を取り戻すためにも、国家の住処たる「国土」をあらゆる要素を勘案しながらつくりあげんとする「国土学」こそが求められている、という構図を描写する。

1 「国土をめぐる無限循環」は、その国民国家の生のプロジェクトである

以上、第Ⅱ部では「国土をめぐる国民国家現象の無限循環」の具体的な内実を論じたが、この循環全体の構造については、これまでのさまざまな哲学者たちに基づくと、さまざまな形で解釈することができる。

その第一の解釈は、「国土をめぐる国民国家現象の無限循環」こそが、「国民国家」の「生の躍動」であるというものである（オルテガ　一九九五／一九二九）。

オルテガは、人間の「生」を「自己とその環境」から構成されるものと捉えた。ここで、「環境」とは、「自己」に与えられた諸々の可能性の集積であり、「生」を規定する運命の広がりを表している。ここにいう「環境」には、たとえば、ある場所である製品をつくる可能性、ある場所で特定のイベントを開催する可能性等、諸々の可能性が含まれている。この「環境」は、いわば「生」をその「外側」から形づくるのであるが、「自己」はこの「環境」のなかから一つの可能性を選択することを通じて、その「生」を「内側」から形づくっていく。すなわち、「国民国家」を生の主体とみなすなら、こうした環境とは「国土」を中心とした自然環境を意味している。たとえば日本国家にとってそれは日本列島とその周辺を含めた領域、すなわち（必ずしも国境を境界とはしない広義の）「国土」そのものである。そして国民国家は、その（広義の）国土のなかで、無数にある可能性群のなかから一つ一つを選び取る形でさまざまな行為を積み重ねていく。こうした行為の累積こそ「国史」（国民国家の歴史）であり、そうした行為によって「国土」が徐々に形づくられていく。

一方、オルテガは、人間の「生」とはこうして「環境」のなかに「自己」を見いだし、選択決断

していく生涯をかけた長い一つの「プロジェクト」であると指摘している（c.f. 藤井・羽鳥 二〇一四）。彼の言葉を借りるなら「〝環境と決断〟、この二つが生を構成している基本的な要素（オルテガ 一九九五／一九二九、六五頁）」なのである。

「環境」と「自己」の二つは、再帰的な相互連関関係を構成している。「環境」のなかに見いだされる「自己」は「環境」に依存しており、「自己」の選択によって改変せられていく「環境」もまた「自己」に依存している。そして、この「環境」と「自己」の相互連関をダイナミックに動かし続けるその動態を、「生のプロジェクト」とオルテガは呼んだのである。

この議論は、本章で述べた国土をめぐる無限循環そのものである。

つまり、「国土」（＝環境）のなかに見いだされる「国民国家」（＝自己）のありようはその「国土」に依存している一方、その「国土」もまた、「国民国家」の種々の選択によって改変させられていく。そして、この国土と国民国家をめぐる循環こそが、「国民国家の生のプロジェクト」を構成しているのである。

つまり、**第5章「この国土にわれわれはどう働きかけてきたのか」**で描写された通り、平野部が限られ、脊梁山脈に貫かれた弓状の列島に住み、大地震や豪雨を堪え忍んで生き続けながら、太古から今日に至るまでその国土にさまざまに働きかけることで、治山治水を通して自分たちの身を守りながら農を通して生きる糧を得てきた――これら全てが日本という国民国家の生のプロジェクトの軌跡なのである。そして明治期以降、今日に至るまではとりわけ、近代的な鉄道、道路、港湾をつくりあげ、さまざまな防災事業を展開することで持続性ある近代文明社会を築きあげんとしてきたのであり、これこそが、我々日本国民の生のプロジェクトの今日の形なのである。そして何より、**第6章2節「日本人を規定したもの」**にて描写されたように、それらの全ての軌跡の帰結として我々日本人は「日本人」となり仰せたのである。それは、ある一人の人物が長年さまざまな経験を積み重ねることで、彼の人格と佇まいがつくりあげられていく様と全く同じである。その人物にとってそうした人格形成のプロセスこそが、その人物の人生＝生のプロジェクトそのものであるように、日本人が日本人となり仰せたそのプロセスこそが、日本という一つの生ある国民国家の生のプロジェクトなのである。

2 「国土への働きかけの停滞」は「死に至る病」である

このように国土をめぐる無限循環が国民国家の生のプロジェクトそのものである以上、本書冒頭で指摘したように、わが国では「国土に対する無関心」が広がり、その必然的帰結としてさまざまな危機（自然、外敵、自滅の危機）が顕在化しているという現状は、日本という一つの国民国家の「生」そのものが衰弱していることを直接意味している。

つまり、今日の日本における国土に対する軽視は、**「死に至る病」**と呼称し得るものなのである。したがって逆に言うなら国土学は、この国土をめぐる無限循環の活性化を目指し、その国民国家の「死に至る病」の治癒を志すものと見なし得るのである。

たとえば第Ⅱ部の**第7章「われわれはこの国土にどう向き合っていけばいいのか」**ではさまざまな視点からわが国の「課題」をとりまとめ、それに対してなすべき各種の「プロジェクト」を提案した。そこでは日本経済のけん引力をもつ大都市をより高度化するため、ならびに、地方都市の閉塞を打破するために求められる各種のインフラ整備が提案されているが、これらは経済と社会を活性化することで、日本の秩序が棄損していく「自滅の脅威」の発現を最小化するとともに、日本のマクロ経済の活性化、国際競争力の強化を通して、外国の経済勢力に経済的な国益を棄損されていく「外敵の脅威」による被害を最小化するのである。さらに、治山、治水等の各種防災対策は、大災害によって大きく国益が棄損し、挙句にその存続自体の危機をもたらす「自然の脅威」による被害を最小化するものである。しかもこの**第7章**では、これらプロジェクトを行うにあたってどうしても求められる合理的な財政政策のあり方を含めて論じている。多くの場合、「デフレ下の緊縮財政」に代表される不合理な財政政策によって、必要とされるあらゆるプロジェクトが停止されてしまうからである。

こうした国土をめぐるさまざまな取り組みはいずれも、日本の国民国家の存続、生き残りを賭けた「生のプロジェクト」に他ならない。

つまりこうしたプロジェクトを行わなければ、自然、外敵、自滅のそれぞれの脅威が顕在化し、日本という一つの国民国家の生命が内から外から蝕まれていき、その状況を放置し続ければ、日本は早晩国民国家としての「死」が避けられなくなるのである。この意味においてやはり、国土を軽視し、国土に対して働きかけをやめてしまうことそれ自身が、「死に至る病」なのである。

そもそも「死に至る病」とは、未来に対する希望の全てを絶つ、「絶望」を意味するものとして、哲学者キルケゴール（一八一三／一八五五）が論じたものである。

確かに、未来に対する希望の一切を放棄すれば、人々は国土に対する一切の働きかけをやめ、刹那的さらには享楽的なものに自らもつ資源の全てを投入するようになることは避けがたいだろう。その姿は、オルテガ（一九九五／一九二九）が論じた「大衆人」の姿そのものだ。

そもそもオルテガは、大衆人とは「生のプロジェクト」それ自身が衰弱し、彼に与えられた「環境」に働きかけることの一切をとりやめ、保護者に完全に守られながら自身の部屋からは一歩も足を踏み出さずに引きこもるように、その「環境」のなかでただただ生き続け、現状の「自己」に慢心しきったまま、何ら努力を為さない怠惰な時間を過ごす人々をいう（c.f. 藤井・羽鳥 二〇一四）。彼は未来に何ら希望をもつ存在ではなく、その意味において絶望という死に至る病に冒されているのである。

そうして絶望し、環境に働きかけることなくただただ時間を過ごす大衆人――その姿に、国土に働きかけることを止めつつある今日の日本全体の姿が大きく重なり合うのである。

だからこそ国土学は、今、そこにある危機を見据え、その危機の全てに絶望することなく果敢に一つ一つ立ち向かっていかんとするプロジェクトを駆動し、大衆人と化しつつある日本国民のこの現状を打破せんとする試みなのである。

3　生きること＝住まうこと＝建てること

こうしたオルテガやキルケゴールの「生」をめぐる議論は、哲学者ハイデガー（二〇〇八／一九五一）によっても、「建てる」ことを明示的に取り込んだうえで論じられている。

まずハイデガーは、「建てる」という言葉であるドイツ語の単語バウエン（bauen）の語源が、「住む」という意味をもつことを指摘し、それを通して、「建てること」と「住むこと」との関連に考察を加えている。

そもそも、我々人間（あるいは動物）が**「住む」ということは、この自然環境のなかで、一個、あるいは一群の生命体が持続的に生き続けることを意味している。**いかなる生命体も、身体をもつ以上どこかの空間の内に居続けることが前提となっているのであり、そして、それこそが「住む」という言葉の定義に他ならない。たとえば、ハイデガーは次のように指摘している。

> 「君がいる・私がいる」――というのは、死すべき者としてこの地上に在ることであり、そこに住まうことにほかならない。――人間は〈住まう〉限りで〈存在する〉。（ハイデガー　二〇〇八／一九五一）

さて、こうした生命体が生き続けるために、つまりは住み続けるためには、（第1章でも指摘したように）環境に働きかけ、生き続けていくための「住処」をつくることが必要不可欠となる。このことは、「生」（のプロジェクト）という現象は、内側から見れば「生命個体」である一方、外側から見れば環境内につくりあげられた「住処」であることを意味している。つまり**生命個体と住処は一つの生という現象の異なる二側面に過ぎない**のである。これは先に引用したオルテガの「〝環境と決断〟、この二つが生を構成している基本的な要素」であるという言葉と同様の指摘そのものだ。

一方、「住処」は自然のままの状態ではなく、その生命体の「働きかけ」によってはじめてその自然環境のなかにできあがる。だから全ての「住処」は「建てる」（バウエン）ことでできあがるものである。そして、自然環境は決して安定しているものではなく、「風化」を含めて、時々刻々と変化し、不可逆的に流転していく。したがって、「建てる」行為は一度行えばそれで事足りるものではなく、つねに「維持」「補修」し続けなければならない。つまり、「住み続ける」ためには、いわば「建て続け」なければならないのであり、畢竟、**「住むこと」は「建てること」そのもの**なのである。

——さて、以上の議論を簡潔にまとめると、次のように言うことができる。すなわち、**生きることとは住むことであり、住むことは建てることなのである。したがって、生きることは建てることに他ならない**のである。

それはちょうど、生きることの証、あるいは、象徴として心臓の鼓動が語られることと同様だ。心臓が動く限り、人は生きている。逆に、人が生きるためには心臓が動いていなければならない。それと全く同様に、人は「住む」限り、「建てる」限り、生きているのであり、生きていくためには人は、「住まうこと」「建てること」を宿命的に続けていかなければならないのである。

これを日本の「国土」と「国民国家」のスケールで論ずるなら、次のように言うことができる。日本人が生き続けるということは、この日本の国土に住み続けることを意味しているのであり、しかもそれは、日本の国土に働き続け、国土をつくり続けることを意味している。だからこそ、日本人が日本人として生き続けることは、国土に働きかけ続けることなのである。逆に言うなら、心臓が動き続けている限り人が生きていけるように、日本人がその時々の状況に合わせて適切に国土に働きかけ続けている限り、日本人は生き続けていけるのである。
しかし――国土への働きかけが衰弱するなら、日本人が生き続けることそれ自身が衰微せざるを得ない。そして国土への働きかけの一切を停止させたとすれば、心肺停止によって人は死なざるを得ないように、日本の国民国家も死を迎えざるを得なくなるのである。

4 国土づくりをやめた日本国民は「偽りの暮らし」のなかで「滞在」する民である

無論、先人がつくりあげた国土のうえで、その国土に何の働きかけをせずとも、一定期間「生きている」かのようにふるまうことはできる。

しかし、それでは住み「続ける」ことは不可能である。繰り返しとなるが、この世界は時々刻々と状況が流転していくからである。たとえば、国土に何の手も加えなければ、諸外国が勃興し、日本の国際的地位は凋落していく。昨今の中国の大躍進によって、日本の経済力（GDP）はほぼ一定水準であるにもかかわらず、日本の国際的地位は大きく凋落したのがその典型だ。あるいは最近では、地球温暖化や地震活性期への突入の影響で、二〇世紀後半では想像もできなかった巨大な地震や台風が頻発する状況に至っている。このままでは、かつての日本国民がつくりあげてきたインフラでは、被害の激甚化を防ぐことは不能となっている。首都直下地震や南海トラフ地震の脅威について言うなら、国家存亡の危機に陥っている。そして何より、インフラは早晩老朽化し、維持更新しなければ国土そのものが荒廃していかざるを得ないのである。

だからこそ国土をつくり続けなければ日本は存続し続けることができない――のだが、国土づくりをやめてから、日本が滅び去るまでの間、しばらくの時間差（タイムラグ）があるのは事実である。

このタイムラグの間、日本人は、国土に働きかけもしないで生き続けているかのように見えるのである（そしてこの事実こそが、わが国において国土づくりを軽視する風潮を助長している根源的原因である）。

こういう状態を、ハイデガーは「住まう」のではなく「滞在する」（ウーニアン：wunian）状態だと述べている。このwunianという言葉は古いゴート語であり、滞在するという言葉の語源である。そしてこのウーニアンという言葉は、バウエンという言葉の語源がもっていた「建てる」「住まう」という意味はなく、「単に危害や脅威などから身を守られ平穏の内に滞在し続ける」ことを意味している。つまり、先にも描写した「保護者に守られながら引きこもる状態」にあるのが、この「滞在する」（ウーニアン）という状態なのであり、「建てる＝住処・環境をつくる」ということを包含している「住まう」とは根本的に異なる。

そもそも、国土を含めたあらゆる「住処」は、自然、外敵、自滅の三つの脅威から「護る」ために建てるもの、つくりあげるものである以上、そこに住処があり国土がある限り、誰もが「住まう」ことを放棄し（つまり、住み続けながら建てるという複雑な行為を行うことを止めて）、「滞在」することは可能である。しかし、状況が時々刻々と変化する現実世界のなかでは、それが可能なのはわずかな期間に過ぎない。だからこそ、万人が「住まう」のではなく「滞在」するようになれば早晩、あらゆる脅威が現実のものとなり、生き続けていくことそれ自身が危ぶまれることとなる。

そんな「滞在」をし続ける人々の暮らしは、哲学者ジョン・ラスキン（一九九七／一八四八）が言うところの**「本当の生活」**とはほど遠いものである。つまり、外界のものをつくり直したり処理したりする独立した力、すなわちまわりにある全てを生活の糧や道具に変えてしまう力を失い、結果、物事の判断において自律性を失ってしまった生活である。そんな生活は、死あるいは麻痺状態の一種である**「偽りの生活」**（ラスキン　一九九七／一八四八）と言わざるを得ないものなのである。

あるいは、そんな風に「偽りの生活」のなかで、その地に「滞在」し続けている人々は、下記のようにハイデガー（一九六〇／一九二七）が論じた「本来的なあるべき人間の姿」（本来的現存在）からは、かけ離れた存在でもある。

> 無意識のうちに世界の意味と直接的で共同的な関係をもち、あるいは意識的に彼の存在の現実に立ち向かってどのようにしたら自分のよって立つ状況を変えることができるのかについて本心から判断し、自らの行いのすべてに誠実な人間（傍点は筆者）

偽りの暮らしのなかで滞在し続ける大衆人たちは決して「自分のよって立つ状況を変えることができるのかについて本心から判断」することなどない。つまり、ハイデガー（一九六〇／一九二七）の言葉を借りるなら、彼らは道徳的に退廃した頽落した非本来的な人々なのである。

そして――誠に遺憾なことに国土づくりを停滞させている日本人は今、「本物の生活」を営んでいく力をあらかた失い、この国土に「住む」ことが不能となり、さながら他人の家に客人として「お邪魔」するかのように「滞在」しはじめているのである。

そしてそれを通して、あらゆる危機が噴出しはじめているのが、今日の日本の姿である。

この危機をトータルに乗り越えるためには、日本人が、精神的な死あるいは麻痺状態である大衆人へと「頽落」した状況から脱し、自律的な判断と、状況に応じて外界のものをつくり直したり処理したりする独立した力を取り戻し、自分自身の力で自らがよって立つ状況を変えて行かんとする「本物の生活」を取り戻すことが何よりも求められている。

5　日本国民が「本物の生活」を取り戻すための「国土学」

「自らがよって立つ状況」――その最大かつ我々の暮らしに最も大きな影響を及ぼす「状況」こそが「国土」に他ならない。

だからその国土をあらゆる制約条件を加味しながら変えていかんとする取り組みである「国土学」こそが、「本物の生活」を取り戻し、日本の国民国家の生の躍動を再駆動し活性化し、日本が直面するあらゆる危機を果敢に乗り越えて行かんとする取り組みの最も根幹となるのである。

無論、文学も哲学も、あるいは経済学も社会学も、そうした「国民国家の生命の再駆動」において重要な役割を担うことは論をまたない。

しかし、どれだけ、文学や哲学、経済学や社会学を論じても、「国土」を視野に収めない限り、「自らがよって立つ状況」が抜本的に改善されることはない。国土を無視し続ける限り、その国民は、外敵や自然や自滅といったあらゆる危機に翻弄され続けることとなる。そもそも国土とは、我々の生の営みの全ての「土台」となるインフラ＝下部構造なのであり、そしてマルクスが論じたように、そうしたインフラが、そのスープラ＝上部構造である経済や社会や文化のあり様を決定づけているのである。

その意味において、「国土づくり」程に人間が成し得る行為のなかで偉大で、崇高で、美しいものはない――とすら言うこともできる。

たとえばドイツの詩人であり劇作家であり科学者、法律家でもあった、ヨーロッパの大教養人であったゲーテがライフワークとして取りまとめた戯曲「ファウスト」は、まさに「国土づくり」こそが、何よりも偉大で崇高で美しいものなのだということを、その全編を通して描出している。

あらゆる学問に通じた学者ファウストは、学問に人生の充実を見出せず、代わりに生きることの充実感を得ることを希求し始める。そんなファウストに対して、悪魔メフィスト・フェレス（以下メフィスト）は、そんな「生きることの充実感」を味わわせるためのあらゆる享楽を提供してやる代わりに、死後にはその魂を永遠に捧げよという契約をもちかける。ファウストはこの申し出を受け入れ、「この瞬間よ止まれ、汝はいかにも美しい！」という言葉を口にすれば、魂を捧げるという約束を取り結ぶ。

その後メフィストは契約通り、悪魔の力を使ってありとあらゆる享楽をファウストに提供する。究極の美を備えた女性との恋愛や情事、乱痴気騒ぎの饗宴、勇敢な戦とその勝利等、あらゆる享楽的体験が提供される。それでもファウストは一向に満足しない。

しかし遂にファウストの晩年、彼が「この瞬間よ止まれ、汝はいかにも美しい！」と叫ぶ瞬間が訪れる。ファウストは「土地の者たちが海を埋め立て、新しい土地を造成するために働いているたゆまぬ努力の音」を聞くのである。

そのとき、彼は衝撃を受ける。

俺が求めていたのはやはり、まさにこれに違いないのだと確信する。彼は続けて、「この自由の土地においては、老若男女がつねに危険のなかにあろうとも、有意義な年月を送るであろう」と口にする。それは、「日々、自由と生活のために戦うものこそ、自由と生活を享受するにふさわしい」からである。

つまり、高波や高潮等、さまざまな「自然の脅威」に晒されながらも、そのなかで人々が協力しあい、たゆまぬ努力を重ねながら、自然と闘い、住処を確保しつつ、生きていく姿——人々が自然に完全に屈服するのではなく、自然との共生を志し、そのなかでなんとか人々が皆、互いに手を取り合って、努力して生きていこうとする「姿」——それこそが、最高に「美しい」ものなのだとファウストは確信する。そしてファウストは、その美しいものとともに永遠を過ごしたいと心から願い、「この瞬間よ止まれ、汝はいかにも美しい！」と叫んだのである。

繰り返すが、彼は、一生涯をかけて、しかも「悪魔」の力まで借りて文字通り、ありとあらゆる美しいものを見てきた人物である。だから彼が美しいと認めるものは、文字通り、この世のなかで考えられ得る最高の美である——少なくとも作家ゲーテがそう確信したのである。つまり戯曲ファウストは、その長大な戯曲の全てを通して、「国土づくり」に取り組む真面目な人間の精神と活動こそが美しいのだという一点を、描いているのである▼1。

言うまでもなく、ゲーテは、「橋の美しさ」や「町並みの美しさ」といった「土木構造物の見た目の美しさ」を描写しているのではない。あくまでも、「偉大なる自然の中で、小さな存在にしか過ぎない人間たちが手を携えて、生きていこうと戦い続ける」という営為（それはまさに「築土構木」すなわち「土木」という営為そのものである。藤井　二〇〇八）、そのものの美しさを描写しているのである。その姿には、自然に立ち向かわんとする人間の「雄々しさ」も、何もしなければ亡びるしかないひ弱な存在なのだと自認する人間の「謙虚さ」も、人々が裏切り合わずに、互いに手を携え、協力しながら生きていこうとする「協力の美徳」も、そして、生まれた土地、生まれた社会、父親、母親を含めたあらゆる自分の運命を決して呪わず、自身の運命の全てを受け入れ、そして生きていこうとする「運命愛」（ニーチェ　一九六七／一八八五）の美徳も、全て、含まれている。

すなわちゲーテは、「人間として生まれた以上、真っ当に生きていくとはどういうことなのか」ということの「答え」を、「人々が互いに手を携えて国土づくりを行う」あるいは「人々が一個の共同体として国土づくりを行う」という姿でもって象徴的に表したのである。

人がその土地に何の努力もなく「滞在」し続けることは、美しくも正しくもない誤った行為なのである。一方でその地に「住まい」ながらその地に手を加え、土地をつくり続けながら「本物の生活」を続けなければならないのであり、その姿こそが正しく美しいのである。そして、国民国家という共同体にとって「国土」をつくり続けること程に偉大で、崇高で、美しいものはない——それが、この「ファウスト」のラストシーンでもって（それは畢竟、「ファウスト」全編を通して）ゲーテが描出しようとした真実なのである。

そして日本国民が一個の共同体として、死に至る「偽物の生活」を続ける状態から脱し、ファウストで描写された活力ある生を取り戻し、国土をつくりながら住まい続ける「本物の生活」のあり様をこの現実の世界のなかで考え、現実化せんとする営みこそが、「国土学」なのである。すなわち国土学は国土づくりを通してゲーテが表現せんとした「至上の美」でもある、大自然のなかでの共同体の生の循環を駆動させ、活性化させせんとするものである。

註

▼1　ただし戯曲「ファウスト」においては、それがいかに困難なものであるかも合わせて描写されている。実はファウストが聞いた「槌音」は、決してそんな国土づくりのものではなかったのだ。その時「盲目」となっていたファウストは、国土づくりとは全く無縁の槌音（皮肉なことにそれは実際には、ファウストの墓穴を掘るためのものだったのである）を聞いたにもかかわらず、それを国土づくりの音だと勘違いしたのである。

第9章

「精神の大地」としての国土をつくる

本章では、国土は単に生物学的な生命を維持するためだけの住処なのではなく、故郷であり祖国という形で「精神の大地」となるべき存在であるという点を、シモーヌ・ヴェイユの哲学的指摘を中心として指摘した。まず、「根をもつこと」こそが人間の魂の根源的欲求であり、それを通して生に活力が与えられるという構図を指摘すると同時に、「根」を張るにあたって、地理空間が重大な意義をもつことを論じた。そして、根を張ることで生に活力がもたらされるのは、特定の地理空間に根を張ることではじめて、その生が生きる共同体に安定がもたらされ、その安定のなかではじめて「聖俗の区別」を軸として自然天候と調和のとれた社会的秩序が形成され、その場所が精神の大地たり得る「本物の場所」となっていくからである、という構図を論じた。そして、本書の議論全てを通して、明確な意志の下、国土学を通して国土をつくり続けるにあたり、「あるべき国土」が満たすべき十の条件を明示した。それは、国民国家を自然、外敵、自滅の脅威から護り、その上部構造＝スープラと整合した秩序形成を促すと同時に、明確な意志と知性による「国土学」を実践し続ける国民を産み出す力をもった、「精神の大地」となり得る「本物の場所」——それこそが、あるべき国土であることを宣言した。

1 人間の魂の根源的欲求は、「根をもつこと」である

国土とは、国民国家が「生きる」ために必要不可欠な住処である——。

では、「生きる」とは何かといえば、一面において、自然、外敵、自滅の三つの脅威から身を護り続けることであり、したがって、国土は、あらゆる脅威を想定し、それらから共同体を「護る」ものとならねばならない。

しかしこれは、事の一面に過ぎない。

「生きる」という行為には、「危機から身を護る」ことを通して「生物学的に存続し続ける」ということとは、少々位相の異なる側面がある。[1]なぜなら人間は生物学的存在であるのみならず「精神的存在」でもあるからである。したがって、人間や人間社会の共同体が「生きる」ということは、「生物学的に生き続ける」という言葉を超えた意味をもっているのである。

それはたとえば次の一言に表れている。

> とにかく国家の名誉が損なわれるならば、たとえ国家の存在が危うくなろうとも、政府は正義と大義の道に従うのが明らかな本務である。（内村鑑三『代表的日本人』四三頁、傍点は原文のママ）

これは、西郷隆盛の言として伝えられているものであるが、「国家の存続」以上に重要なものとして「義」があると主張されているのである。この義が通らなければ、そのような国は亡ぶべきだという主張である。

この言葉に端的に表れているような「国家の存続よりも上位の価値がある」と明確に主張されることは必ずしも頻繁とは言い難いものの、それでも、国家そのものが利他的に振る舞うことは決して皆無ではない。たとえば国家が国家に対して人道支援する行為の全て一〇〇%を「利己的動機」で説明し尽くすことは難しい。あるいは、しばしば戦争には「大義」が必要であると言われているが、その戦争には、国家が滅びるリスクが全く含まれてはいない、ということはない。つまり西郷のような考え方を身にまとっている人物は決して西郷ただ一人ではなく、むしろ普遍的なのである。

一方で、「個人の生命の存続」（一人の人間の命）よりも上位の価値があると主張されること、あるいは、その価値に基づいて行為されることは、さらにより頻繁にある（c.f. 藤井 二〇〇三、二〇〇九）。かつてなら個人の名誉のための切腹がその典型であるが、現代においても「自殺」は決して皆無ではなく、かつ、それがさまざまな「自らの生命よりも高いとされた価値」を動機としていることもしばしばである（デュルケーム 一九八五／一八九七）。

もし我々人間が、あるいは我々の国民国家がただ単に「生物学的な生命の存続」だけを企図して生き続けている存在であるのなら、これらは大いに矛盾した現象である。つまりこれらの現象は、我々人類は「生物学的な生命の存続」だけを企図して生き続けているのではなく、「精神的な生命の存続」を図らんとする存在でもあることを明確に示している。

そんな「精神的な生命の存続」において何よりも重大な意味をもつ現象としてしばしば指摘されてきたのが――**「根をもつこと」**である。

哲学者シモーヌ・ヴェイユ（一九〇九／一九四三）は、彼女の主著『根をもつこと』にて、次のように指摘する。

> 根をもつこと、それはおそらく人間の魂のもっとも重要な欲求であると同時に、もっとも無視されている欲求である。（六四頁）

彼女はこの「根をもつ」という言葉でもって、木々が大地に根を張るように「人間の魂」が何かより大きな精神的存在（たとえば、家族や地域共同体、より抽象的にいうならヘーゲル［一七七〇／一八三一］が論じた共同体精神）につながり、根を張るという様子を描写している。そして、木々が大地から養分を吸い上げることで生きていくことができるように、人間の精神がより大きな精神的存在から養分を吸い上げることではじめて、精神的活力を得て、精神的に生きていくことができるようになる――これがシモーヌ・ヴェイユが論じた「根をもつ」という現象である。

2　「住まい」が共同体に「秩序」を与え、「活力」を与える

我々の精神、魂は、「根を張る」ことなくして安定することはない。根を張らない植物が枯れてしまうように、根を張ることがない「根無し草」のような精神、魂は衰弱して立ち枯れてしまう

――彼女はこうした根を奪われてしまう現象を「根こぎ」と呼び、この「根こぎ」こそが、家族や地域コミュニティ、職場コミュニティ等の何らかの共同体から阻害された精神が病を患ったような衰弱した状況へと追い込まれてしまう根源的理由であると論じた（彼女はこのとき、ナチスドイツの全体主義現象は、大衆人たちの「根こぎ」こそが根源的原因であると論じている）。

一方、地理学者レルフ（一九九九／一九七六）はこの「精神・魂が根を張る」という現象において、定住のための「住まい」が決定的に重要な意味をもつ可能性を指摘している。そもそも、我々の精神は、「住まい」に対して特別な「愛着」を差し向けるからであり、人間精神と住まいとの関係に比べれば、「場所に対する他のすべての関係はほんの限られた意味しか持たない」からである。「愛着」という精神現象が「根を張る」という現象の重要な一側面と考えるなら、このレルフの指摘は、根を張るうえで「住まい」が特別に重大な意味をもつ可能性を示唆している。

確かに我々の精神は、たとえばそこに「家族」さえ居るなら、そこに定住のための「住まい」などなくとも、その家族に対して「根」を張ることで魂の欲求を一定度満たすことはできるだろう。しかし、どれだけその家族とつねに時間をともに過ごしていたとしても、定住する住まいがなく（あるいはキャンピングカーや豪華客船や毎日暮らすホテルの部屋すらもなければ）、何十年もバックパッカーやいわゆるジプシーの暮らしを続けていたとすれば、「魂の欲求」は必ずしも十分に満たされることはない。

なぜなら、そもそも定住する住まいがなければ、その家族共同体の活力が疲弊していくからだ。定住していなければ、その家族共同体は日々変化する環境のなかで、日々訪れる「新しい自然や外敵の脅威」に晒され続ける。そうなれば、その家族共同体は、つねにその共同体がもつ各種資源（資金や体力、時間、モチベーション等）をそれらの新しい脅威への対処に連日差し向け続けなければならない。結果、当該家族共同体は、自身がもつ資源を、自然や外敵といった「外側」にばかり投入し続け、「内側」に投入することができなくなり、家族内の秩序の形成や維持のために差し向けることができなくなってしまう。

結果、家族共同体の秩序は劣化し、「自滅の危機」に晒されることとなる。

たとえば、あまりに目まぐるしく変わり続ける環境のなかでその環境に対応することばかりに時間がとられ続ければ、家族同士の団らんの時間も語らいの時間も失われていき、その家族が解体される危険性が増大していくこととなる。だからこそ、共同体が定住すれば、「生命の維持のための秩序」のみならず、「精神の活性化のための秩序」もまた、形成されていくこととなるのである。

このような定住と秩序形成との関連については無論、家族共同体のみならずあらゆる共同体に妥当する。あらゆる共同体が特定の「土地」から切り離されれば、共同体の秩序は劣化し、混沌化していく危機に直面する。

こうした「秩序の劣化、混沌化」は、生命体でいうなら、あらゆる異なる器官の区別が曖昧となり、それぞれの器官が適切な役割分担を果たすことができなくなる状態に至るに等しい。そうなれば必然的にその生命が衰弱し、最終的には死に至ることとなる。これはすなわち、あらゆる生命体、共同体が晒されている「自滅の危機」そのものである。つまりあらゆる共同体は、場所から切り離されれば秩序を失い、それを通して、活力を失い、死に至る衰弱の過程に足を踏み出す危機に晒されることとなってしまうのである。

だからこそあらゆる共同体にとって「定住」による「住処づくり」は、共同体の秩序形成、ひいてはそれを通した活力の増進、ひいては生き残りにとって重大な意味をもつのである。

たとえばかつてレルフ（一九九九／一九七六）は「場所は私達の世界体験を秩序づけるための基本的な要素」であると指摘し、ラポポート（一九七五）は「場所をつくるということは、結局、世界の秩序をつくるということなのである」と主張した。これらの主張はいずれも上述の議論と同様、住処づくりが、人間社会の秩序、あるいは「人間の意味世界の秩序」にとって決定的に重大な意味をもつことを意味している。

3　共同体に秩序と活力を与える聖・俗の区別

さて、秩序とは第一にさまざまな要素間を「異なるものと区別」することであり、第二に、その区別されたもののいずれがいずれよりもより「重要」であるかの「価値における区別」をすることである（Rapoport, 1975）。この「価値における区別」をつけるということは「より価値のあるもの」と「より価値のないもの」とを区別するということであり、そこには明確な「価値観」が存在していることが前提となる。

「価値観による優劣」には、その一部に「いずれが損で、いずれが得か」の差別が含まれるが、それは基準の一つに過ぎない。損得とは別の基準、たとえば「何が美しく、何が醜いか」「何が正しく、何が間違っているのか」「何が真実で、何がまがい物なのか」「何が善で、何が悪か」「何が聖で、何が俗か」といった実にさまざまな基準が存在する。つまり、真善美、あるいはそれら全てを包含する「聖」なるものがより「優れたもの」と考え、その逆の偽醜悪、あるいは「俗」なるものをより「劣ったもの」と考え、その優劣の基準でより劣ったものを避け、優れたものを選びとることではじめて、「秩序」は形成される契機を得ることができる。そもそも、「損得」の基準だけでは各人が自分勝手にふるまい続け、社会秩序は瞬くまでに崩壊することとなるからである（c.f. 藤井二〇〇三、二〇〇九）。

だからこそ、そうした損得の基準以外の「真善美や聖なるもの」を志向する基準が多くの人々に共有されることではじめて、その秩序は社会的秩序へと昇華していくこととなるのであり、それが安定的に継続的に保持されることで、その社会的秩序は伝統的なものへとさらに昇華することとなる。

この時、「空間」は決定的に重大な意味をもつ。

ある空間的場所を重要な場所、あるいは神聖な場所とし、それ以外の場所とは決定的に区別されることをその共同体が共同体として一旦認定すれば、そこに新しく参与する人々も容易に聖俗の区別をつけることが可能となる。空間的場所は、取り立てて大きな努力を要することもなく、誰もが容易に認識できるからだ。しかも、よほどのことがない限り、その空間的場所は、長い期間、安定的に変化しない。したがって、その聖俗の区別が長年にわたり、何世代にも亙って引き継がれていく。

事実、古今東西、特定の山、谷や高台が重要な場所、聖なる場所（聖域：サンクチュアリ）とみなされ、大切にされてきた（c.f. Rapoport, 1975; レルフ　一九九九／一九七六）。そしてそうした区別は近世、近代になっても、教会や寺社仏閣など、人工的につくりあげられる場所も含めて、継続され続けている。こうした「ハードな空間的場所の秩序」は、「ソフトな社会の秩序」を反映するものであるとともに、「ソフトな社会の秩序」そのものを形成し、持続させるという再帰的な循環関係をもたらす契機となっている。つまり、「聖俗」を基軸とした空間形成は、「個人の損得」を基準として動きがちな人々に、それを超越した価値観を明示化し、個人の合理性を超越した公共的秩序形成をもたらす契機となる。

こうして、秩序ある空間をつくりあげることが、社会の秩序の形成と維持に重大な意味をもたらし続けることとなる。

ここであらゆる共同体の秩序形成は、その共同体の活力の源泉であることを踏まえるなら、その共同体の動態に対応・整合した秩序ある空間形成は、その共同体の活力増進に決定的に重大な意味をもつのである。

4　本物の場所、偽物の場所

このように共同体の存続のためには、定住を基本として、共同体にとってさまざまな「不都合」が生じないような、その共同体に「馴染んだ」空間的場所が「住処」としてつくりあげられていくことが決定的に重要な意味をもつ。その「不都合なき状態」とは、自然、外敵、自滅の脅威を最小化することができるとともに、それを保証するための秩序の形成と維持を促す聖俗の別を含んだ空間がつくりあげられ、維持され続ける状態を意味する。

こういう空間を、レルフ（一九九九／一九七六）は**「本物の場所」**と呼んだ。

こういう「本物の場所」は、近現代においてはますます成立しがたいものとなってきているが、未開社会においては、多くの共同体において形成されていた。「勤労生活、宗教政策、場所は互いに切り離せないものだから、未開社会の人々にとっては、場所に対する実用面での信条と迷信的な感情とは一体のもの」（Gauldie, 1969, p. 171）だったのである。それはつまり、その共同体の（勤労生活、宗教政策を含めた）あらゆるスープラ＝上部構造と整合するインフラ＝下部構造＝空間的場所が形成されると同時に、それとは逆に当該のインフラ＝空間的場所に整合する形であらゆるスープラが形成されている状況でもある。言いかえるなら、インフラとスープラの間の無限循環が旺盛に展開し、両者が均衡ある形で発展し続け、そのなかで生み出され、維持されるものが「本物の場所」なのである。

こうした「本物の場所」とは、たとえば和辻（一九三五）が論じた、その土地固有、独特の**「風土」**が濃密に存在する場所である。

風土とは、それぞれの地にて長い年月をかけてつくりあげられた、その地の気候、地勢等の自然状況と十二分に整合した土木や建築、風習や風俗の全てを含めた、一つのその地に固有の総合的現象を意味するものである。言うまでもなく、こうした総合的現象は、国土をめぐる循環を最もマクロなものとする大小さまざまな「循環」が展開し続けることでつくりあげられる。

たとえば日本には日本の風土があり、ヨーロッパにはヨーロッパの風土がある。

より細かく言うなら、関東、関西、四国、九州、沖縄、東北といったそれぞれの地にはそれぞれの地に固有の風土があり、ヨーロッパにも、ドイツ、フランス、イギリス、スイス、といったそれぞれの国や地方ごとに独特の風土がある（さらに細かく言うなら、職場風土や家風、といったものもまた、ミクロな風土の一種である）。

それらの風土は、和辻が詳しく論じているように、外国を旅した時に国境を越える度に瞬時に感得し得るものである。たとえば、アルプスの南側のイタリアの街の雰囲気と、そこから少し北に上がってスイスに入った途端、街の雰囲気ががらりと変わることは、誰にでも容易に理解できる。それらの相違は、文化の相違でもあり建築の相違でもあり社会風習の相違でもあるのだが、より包括的に言うのなら「異なる自然環境のなかで練りあげられた風土の相違」なのである。

一方で、近現代ではこうしたインフラとスープラの間の循環が十分に展開せず、そのなかでつくりあげられる場所も本物と言うにはほど遠い **「偽物の場所」** がつくりあげられるに至っている。そんな偽物の場所の特徴は、その地の「風土」とは切り離された空間的場所である。

前近代では、風土と切り離して人々の暮らしを営むことは不可能であった。

食料も建築材料も全てその地から調達しなければならなかったし、その地の寒さや暑さに対応した建築や町の構造が必要とされていた。ところが、大量輸送技術と大量生産技術を基本とした近代文明社会では、それぞれの地の自然、風土と隔離する形で「都市」をつくりあげることが可能となったのである。

その途端、「聖」と「俗」の区別が曖昧ないしは存在すらしない「偽物の場所」が、世界中の近代社会に瞬く間に広がるに至ったのである。

こうした実情を、たとえばトックヴィル（一九八七）は次のように指摘している。

> 人類から多様性が消え失せた。世界のどこへ行っても同じような行動や思考や感じ方に出くわす。これは、諸国が互いに影響しあい、よくまねし合うからだけではなく、各国の人々が身分制度や職業や家族に対する特有の考え方や感じ方をなくしていって、みな一斉に同じような体質になってきたからだ。こうして、彼等は互いにまねしあわなくても似たもの同士になってきたのだ。

トックヴィルが生きた一九世紀においてすらこうしたあり様だったわけだが、それからさらに時代を経た二一世紀の今日、事態はより深刻化していることは火を見るよりも明らかだ。今やニューヨークでもパリでもロンドンでも東京でも大阪でもさして変わらぬ風景が広がり、さして変わらぬ商品やサービスが大量販売大量消費され、ものの感じ方や価値観までもが画一化しはじめている。しかも、そうした画一化それ自身を、「グローバリゼーション」と呼称し、推奨するイデオロギーが世界を支配しつつある。

こうした多様性を失い、生が欠落した場所に住まい続ける人々は、先に紹介したオルテガによる「大衆人」に他ならない。

繰り返しとなるが、大衆人とは環境をめぐる無限循環として描写できる「生のプロジェクト」を停滞させ、場合によってはその一切を取りやめてしまい、その地に「住まう」ことを止め、環境をつくりあげる努力を放棄し、ただただ近代社会によってしつらえられた「偽物の場所」に「滞在」し続ける人々である。彼らが「滞在」する場所が「偽物」である以上、どれだけそこに滞在し続けていたとしても、彼らは結局は「根無し草」に等しい存在だ。

こうした大衆人は偽物の場所がつくられたことによって必然的に大量生産され、それと同時に大衆人たちはそうした偽物の場所を好み、そうした偽物の場所の領域を嬉々として拡大し続けている。つまり、「大衆人」と「偽物の場所」は循環的に互いに強化し合い、増強し合い続ける関係なのであり、そうした循環が旺盛に展開している時代こそが、この近代、現代という時代なのである。

5 「精神の大地」としての「国土」

以上は、あらゆる共同体に関する議論である。

いかなる共同体でも「本物の場所」をつくり得ることができれば、その共同体は生き残りや「損得」以上の「聖俗」の区別・差別を含めたさまざまな秩序を形成、維持することが可能となり、それを通して共同体精神それ自身が活性化される。一方で、「本物の場所」を喪失した共同体では、その構成員は全員「根無し草」となり、彼らの精神は「疎外」され、荒廃していくこととなると同時に、あらゆる秩序を失い、自滅の危機に対して脆弱な存在へと堕していくこととなる。つまり、そうした共同体は自然や外敵の脅威に対しても適切に対処することが不能となっていく。

こうした「場所」と「秩序」と「共同体の活力」の関係は、もちろん国家共同体にも妥当する。その「場所」の自然環境を条件として、その国民国家共同体が自然に手を加えることで「国土」

が「インフラ＝下部構造」として形成される。そして、そのインフラに規定される形で、文化、風習、制度、言語といった「スープラ＝上部構造」がつくりあげられていく。そしてそのスープラとその地の自然環境の双方を条件としつつ、再び環境にさまざまな手が加えられ、国土がさらに「進化」していくこととなる。

この無限循環のなかで、当該の国土は、自然や外敵に対してより「強靭」なものへと「体質改善」されていく。それと同時に、国民国家共同体は「聖俗」の区別を見いだし、聖俗を軸とした秩序もまた形成され、維持されていくようになる。そうしてできあがった聖俗を基軸とした秩序は、「空間的場所」にもさまざまに反映されていく。

こうして国土は、自然や外敵に対して強靭であるばかりではなく、聖なる場所と俗悪なる場所との区別が秩序だってつくりあげられていくようになる。

たとえばわが国では、「皇居」や「伊勢神宮」「出雲大社」といった空間的場所が、聖なる場所として国土のなかに位置づけられてきた。言うまでもなくそうした聖なる「場所」という下部構造＝インフラは、天皇制や神道といった上部構造＝スープラを反映したものであると同時に、そうしたスープラを持続させ、強化させる装置としても機能する。

日本列島の自然気候条件を加味した、こうした国土をめぐるインフラとスープラの間の無限循環が旺盛に展開する限り、あらゆるインフラやスープラが、（完璧な均衡状態が達成されることはなく、つねに不安定性を一部に孕みながらも）互いに整合し、調和していくこととなり、かつ、その地の自然気候条件にも整合、調和したものとなっていくのである。そして、Gauldie（1969）が「未開社会の人々」にとってはという前提付きで論じた、「場所に対する実用面での信条と迷信的な感情（つまり宗教性）との一体性」は、現代人においても獲得し得ることが可能となるのである。

こうして、実用性と宗教性とが一定的に織り込まれつつできあがった国土は、その国民国家にとって「本物の場所」と呼ぶにふさわしいものである。そしてそうした「本物の場所」としての国土は、各々の国民が自らの精神の根を張るにふさわしい**「精神の大地」**に他ならない。だからこそその国土は多くの国民にとって「祖国」、「故郷」と呼ぶにふさわしい空間へと昇華しているのである。

6　あるべき国土とは何か？

「国土学」とは、あるべき国土とは一体いかなるものかを考え、それをつくり続けんと考え、そのためには一体何が求められていくのかを考える学問である。その具体の形は、以上に述べた国土をインフラ（下部構造）とし、国民国家のあらゆる諸現象をスープラ（上部構造）としたマクロな無限循環を、その国土が置かれている自然天候条件や国際的条件を前提としながら、**明確な「意図」でもって旺盛に展開させせんとするもの**である。

なお、こうしたインフラとスープラの無限循環は、未開社会においては、**何の意図もなく**、さながら生態系の循環が展開していくように展開していくものであった。しかし、近代以後、大量輸送、大量生産、大量消費が前提となった社会のなかで、インフラとスープラとの循環を展開させること なく、人々がその生を全うすることが可能な状況が創出されてしまった。その結果、多くの本物の場所が、消え失せ、その代わりに「生」不在の偽物の場所がそこかしこに現れ出でることとなった。

このような状況では、かつてのように「自然」に任せていては、人類におけるインフラとスープラの循環が不在となり、その共同体はあらゆる脅威に対して脆弱なままの存在となるのである。

こうした時代背景を受け、今、あらゆる国民国家に求められているのは、聖俗の秩序を踏まえた自然、外敵、自滅の脅威を乗り越えるために、停滞してしまったインフラとスープラとの循環を「意図」でもって「再駆動」「活性化」し[2]、その国民国家の生を活性化せんとすることなのであり、それこそが、「国土学」のねらいである。

そして、こうした「意図」に基づく循環の再駆動や活性化において重大な役割を担うのが、「あるべき国土」のあり方を「考える」ことである。

ついては本書「国土学」を終えるにあたり、ここで論じた「国土学の哲学」の議論を踏まえつつ、「あるべき国土」が満たすべき十の条件（表9-1参照）をとりまとめることとしたい。

第一に、あるべき国土とは、自然の脅威から国民を護るものでなければならない。

だからこそあるべき国土とは、その国民国家が晒されているさまざまな自然現象を想定しつつ、それらを織り込んだ「強靭」なものでなければならない。さもなければ、その国土は自然の脅威に対して脆弱なまま放置されることとなる。

第二に、あるべき国土とは、外敵の脅威から国民を護るものでなければならない。

だからこそあるべき国土とは、諸外国からのさまざまな種類の脅威を想定し、それら驚異の一つ

あるべき国土、十の条件

一、あるべき国土とは、自然の脅威から国民を護るものでなければならない。

二、あるべき国土とは、外敵の脅威から国民を護るものでなければならない。

三、あるべき国土とは、自滅の脅威から国民を護るものでなければならない。

四、あるべき国土とは、国民が自滅することのない「秩序の形成と維持」を促すものでなければならない。

五、あるべき国土とは、それぞれの空間的場所に「聖俗」の区別がつけられているものでなければならない。

六、あるべき国土とは、これら全ての条件を満たすような「本物の場所」でなければならない。

七、あるべき国土とは、その国民国家の「スープラ」（文化、制度、風習、言語等の上部構造）との間の相互連関の旺盛な「循環」を通して、それらと可能な限り調和し、整合したものとなっていなければならない。

八、あるべき国土とは、そこに「根を張る」ことで国民の精神に活力を与え、国民の精神を疎外から救いだし、国民が大衆化することを回避させることができる「精神の大地」でなければならない。

九、あるべき国土とは、国土に保護されることを想定しつつ「滞在」するような国民ではなく、「あるべき国土」を考え、それをつくり続けながらその国土に「住まう」ことを企図する国民を産み出し続ける力をたたえたものでなければならない。

十、あるべき国土とは、インフラ（国土）とスープラ（上部構造）との間の無限循環を、適切な「国土学」でもって展開可能な国民を産み出す力をもったものでなければならない。

一つに対して「強靭」なものでなければならない。さもなければその国土は、外敵の脅威に対して脆弱なまま放置されることとなる。

第三に、あるべき国土とは、自滅の脅威から国民を護るものでなければならない。

だからこそ**第四に、あるべき国土とは、国民が自滅することのない「秩序の形成と維持」を促すものでなければならない。**

そんな秩序の形成と維持のためには、その国土は、あらゆる自然の脅威、外敵の脅威、自滅の脅威に対して強靭なものでなければならない。さもなければ瞬く間に国民国家内部の秩序は崩壊することとなる。したがって、少なくとも上述の第一、第二の条件が全て満たされることが、この第四条件を満たすうえで、最低限必要となる。

ただし、それはあくまでも最低限の必要条件である。それに加えて、その社会のなかで「聖俗」の区別が存在することが必要である。それなくしては、人々は個々人の「損得」の基準のみに基づいて振る舞い、社会秩序はその崩壊を免れ得ないからである。

したがって**第五に、あるべき国土とは、それぞれの空間的場所に「聖俗」の区別がつけられているものでなければならない。**

そして第六に、あるべき国土とは、これら全ての条件を満たすような「本物の場所」でなければならない。

それは言い換えるなら、第七にあるべき国土とは、その国民国家の「スープラ」（文化、制度、風習、言語等の上部構造）との間の相互連関の旺盛な「循環」を通して、それらと可能な限り調和し、整合したものとなっていなければならない。

したがって、第八にあるべき国土とは、そこに「根を張る」ことで国民の精神に活力を与え、国民の精神を疎外から救いだし、国民が大衆化することを回避させることができる「精神の大地」でなければならない。

それ故、第九にあるべき国土とは、国土に保護されることを想定しつつ「滞在」するような国民ではなく、「あるべき国土」を考え、それをつくり続けながらその国土に「住まう」ことを企図する国民を産み出し続ける力をたたえたものでなければならない、と表現することもできる。

これはつまり、第十にあるべき国土とは、インフラ（国土）とスープラ（上部構造）との間の無限循環を、適切な「国土学」でもって展開可能な国民を産み出す力をもったものでなければならない、ということを意味している。

国土学とは、こうしたさまざまな「あるべき国土の条件」を考えながらそれを実現せんとする学問であり、かつ、それを実現するために何が求められるのかもまた、合わせて考え続ける学問なのである。そして、こうした国土に対するあらゆる実践を展開し、あらゆる脅威に対して強靭であると同時に、国民の「精神の大地」となり得る「本物の場所」をつくりあげんとするものなのである。そしてそれは究極的には、国土をつくり続け、住まい続ける力をもった国民を産み出し続ける力をもった国土をつくりあげることを企図するものでもあるのである。

本書第Ⅱ部で論じた、日本における国土学の各論は、それぞれの全ての条件を満たす国土のあり方を目指す一つの試論であった。

日本の国土が、国民の「精神の大地」となり得る「本物の場所」から少しずつ乖離しつつある今日、今求められているのはその国土の劣化の流れを食い止めることである以上、「本物の場所」を実現するためにこれから成すべきことは、本書で論じたものを越えた数多くの実践である。したがって日本においてはこれからも国土学の実践的論究についての不断の努力を重ねなければならない。本書がそうした論究の方向性を指し示しつつ、今後の国土学の議論を活発化し、日本の国土があらゆる脅威に対して強靭で、かつ、あらゆる国民の精神の大地となり得る「本物の場所」へと発展していく契機を与えるものとなることを、そしてその議論が世界中のあらゆる国民国家の国土の発展に寄与するものとなることを心から祈念したい。

註

▼1 ただし、本章で論ずる議論も全て「三つの脅威から共同体を護る」議論に収斂する。なぜなら、ここで論ずる「聖俗」の議論、「真善美」の議論は、時に意図的に、その国家が滅びることを要求するものであるが、そもそも聖俗・真善美の議論が必要とされるのは、「自滅の脅威」から当該の国家共同体を護らんがためである。しかも、最新の心理学研究では、「滅びる覚悟」をもつ主体ほど、結果的に生き残る可能性が増加し、逆に、滅びる覚悟なく、生き残るために何でも行うという「意図」をもっている主体ほど、結果的に滅びる可能性が増大してしまうことが知られている(c.f. 藤井 二〇〇三、二〇〇九)。すなわち「滅びることを意図すること」と実際に「滅びること」とは次元が異なるのである。したがって、本章で論ずる『「生きる」という行為には、「危機から身を護る」ことを通して「生物学的に存続し続ける」ということとは、少々位相の異なる側面がある』という議論は、「危機から身を護る」という「意図」とは異なって、むしろ、「聖俗・真善美のために危機に飛び込む」という「意図」が存在する、ということを指摘する議論である。

▼2 時に、「意図」をもつことが「意図せざる望ましくない帰結」を導きうるものであるということも自覚しつつ、だからこそ聖俗についての伝統的区分を重視しつつ、意図を排した判断を重視することもある。ただし、そうした意図を排した判断は、究極的にはより望ましい帰結を「意図」しているからでもある。この意図と無意図との間の矛盾関係については、たとえば、パーフィット(一九九八/一九八四)に詳しい。

参考文献

アロンソン、E.『ザ・ソーシャル・アニマル――人間行動の社会心理学的研究』古畑和孝監訳、サイエンス社、一九九四
井尻千男『自画像としての都市――その理念と造営能力を問う』東洋経済新報社、一九九四
インフラ政策研究会『インフラ・ストック効果』中央公論新社、二〇一五
内村鑑三『代表的日本人』岩波文庫、一九九五
ヴェイユ、シモーヌ『根をもつこと』(上/下)、冨原眞弓訳、岩波文庫、二〇一〇
近江俊秀『日本の古代道路――道路は社会をどう変えたのか』角川選書、二〇一四
大石久和『国土学事始め』毎日新聞社、二〇〇六
大石久和『国土学再考――「公」と新・日本人論』毎日新聞社、二〇〇九
大石久和『国土と日本人――災害大国の生き方』中公新書、二〇一二
大石久和『国土が日本人の謎を解く』産経新聞出版、二〇一五
太田猛彦『森林飽和――国土の変貌を考える』NHKブックス、二〇一二
オルテガ・イ・ガセット『大衆の反逆』神吉敬三訳、ちくま学芸文庫、一九九五
ガダマー、ハンス・ゲオルク『真理と方法――哲学的解釈学の要綱』轡田収訳、法政大学出版局、二〇〇八
菊池勇夫『飢饉――飢えと食の日本史』集英社新書、二〇〇〇
キルケゴール、セーレン「死に至る病」桝田啓三郎訳、キルケゴール『死に至る病・現代の批判』中央公論新社、二〇〇三所収
国立天文台編『理科年表　平成二七年版』丸善出版、二〇一四
シュライエルマッハー、フリードリッヒ『解釈学の構想』久野昭・天野雅郎訳、以文社、一九八四
武部健一『道路の日本史』中公新書、二〇一五
トックヴィル、アレクシス・ド『アメリカの民主政治』一九八七
ディルタイ、ヴィルヘルム『解釈学の成立』久野昭訳、以文社、一九八一
デュルケーム、エミール『自殺論――社会学的研究』宮島喬訳、中央公論社、一九八五
田家康『気候で読み解く日本の歴史――異常気象との攻防一四〇〇年』日本経済新聞出版社、二〇一三
道路行政研究会『道路行政　平成一二年度版』全国道路利用者会議、二〇〇一
土木学会編『明治以前日本土木史』岩波書店、一九三六
中野孝次『すらすら読める方丈記』講談社文庫、二〇一三

ニーチェ、フリードリッヒ『ツァラトゥストラはこう言った』(上/下)、氷上英廣訳、岩波文庫、一九六七
農業土木歴史研究会『大地への刻印』全国土地改良事業団体連合会、一九九六
パーフィット、デレク『理由と人格――非人格性の倫理へ』森村進訳、勁草書房、一九九八
ハイデガー、マルティン『存在と時間』(上/中/下)、桑木務訳、岩波文庫、一九六〇
ハイデッガー、マルティン『ハイデッガーの建築論――建てる・住まう・考える』中村貴志訳、中央公論美術出版、二〇〇八
バシュラール、ガストン『空間の詩学』岩村行雄訳、ちくま学芸文庫、二〇〇二
藤井聡『社会的ジレンマの処方箋――都市・交通・環境問題のための心理学』ナカニシヤ出版、二〇〇三
藤井聡『土木計画学――公共選択の社会科学』学芸出版社、二〇〇八
藤井聡『なぜ正直者は得をするのか――「損」と「得」のジレンマ』幻冬舎新書、二〇〇九
藤井聡『〈凡庸〉という悪魔――21世紀の全体主義』晶文社、二〇一五
藤井聡・羽鳥剛史『大衆社会の処方箋――実学としての社会哲学』北樹出版、二〇一四
ヘーゲル、ゲオルク・ヴィルヘルム・フリードリヒ『精神現象学』長谷川宏訳、作品社、一九九八
本間俊朗『日本の国造りの仕組み』山海堂、一九九八
マルクス、カール『経済学批判』武田隆夫・遠藤湘吉・大内力・加藤俊彦訳、岩波文庫、一九五六
ラスキン、ジョン『建築の七灯』杉山真紀子訳、鹿島出版会、一九九七
レルフ、エドワード『場所の現象学――没場所性を越えて』高野岳彦・阿部隆・石山美也子訳、ちくま学芸文庫、一九九九
和辻哲郎『風土――人間学的考察』岩波文庫、一九三五

Gauldie, Sinclair. *Architecture*. Oxford: Oxford University Press, 1969.
Markus, H. R. and Kitayama, S. "Culture and the self: Implications for cognition, emotion, and motivation," *Psychological Review* 98, 1991, pp. 224-253.
Rapoport, A. "Australian Aborigines and the definition of place," *Nature and Human Nature*, 10/IAE, 1975, pp. 38-50.

おわりに

文明を切り開いてきた世界のすべての人々は、最も初期の段階から何らかの国土への働きかけを行い、農業の生産性や暮らしの安全を向上させる努力をしてきた。また遊牧の民も、移動を繰り返すことで国土からの恵みを最大化する工夫をしてきた。人口が急増し文明が飛躍的な発展を遂げたのは人類が穀物栽培をはじめてからであるが、これには耕地開発や灌漑整備という国土学の実践が必要であった。

穀物は富の集中をもたらしたから、まもなく権力が生まれ、強い権力は弱い権力を征服して他者の蓄積した富を収奪していった。

今日につながる文明の誕生のごく初期の段階から、メソポタミアや中国では収奪の際の虐殺を伴う侵入に備えるため、居住地を強固な城壁で囲んでいた。Cityという言葉はラテン語のCivitasから派生しているが、この言葉は「壁のなかに人が蝟集しているところ」を意味している。

このようにして彼らは「生存のための共有資産」として「社会を支える基礎構造（城壁）＝インフラ」という認識を物理的にも概念的にも獲得していったのだった。

ところが、きわめて分散的で小さな平野しか持たなかったわが国では、集落の規模も数百人程度と小さかったため、穀物栽培時代に入ってからも大きな権力は育たず、殺戮を伴う紛争もきわめて小規模であったうえに数も少なかった。

集落の和を保ちながら、共同して全体のために灌漑や用水などの事業を行ってきたものの、「虐殺から愛する者の死を守る」ための物理的な施設が不可欠との経験を欠いたことから、社会を支える基礎構造が必要であるとの認識が育つことはなかったのである。

この彼我の経験の違いは社会の基礎構造についての認識にとどまらず、思考や感性、さらには死生観や宗教観などについても、両者の間に大きな懸隔を生じさせることになった。

わが国の歴史をふり返ると、律令時代の初期には、国家の権威を示すための官道や全国的な口分田整備がなされた。また明治時代に入ってからは、富国強兵のための鉄道・港湾・通信などの事業が国家的なスケール感覚をもって実施された。

戦後も、高い経済成長を図るための道路・新幹線・空港・港湾などの事業がなされ、実際経済成長を可能としたのだが、低経済成長時代になるとこれらの整備への関心を急速に失っていった。

過去には、アメリカからの内需拡大要求に沿ってかなりの規模の公共投資がなされたり、景気回復のための臨時的な公共事業予算が組まれたりした。しかし、公共事業は社会の基礎構造の構築というよりは、常に何かのための手段としてしか考えられてこなかったのである。

財政事情を理由にこうした手段も講じられなくなると、先進国のなかで唯一わが国だけが、この二〇年にわたり一方的に公共事業費を削ってきたために、最近では欧米と比較してインフラの整備水準に大きな格差が生まれてしまった。にもかかわらず、この格差が、わが国の経済成長力や国際競争力を大きく毀損しているとの認識にも高まらないままとなっている。

国土への働きかけの基本法となる国土総合開発法は一九五〇（昭和二五）年に公布されたが、これに基づく最初の全国総合開発計画が決定されたのは、一二年も経過した一九六二（昭和三七）年のことであった。これは一九六〇年に池田勇人内閣が所得倍増計画を提唱し、その実現のために国土計画が必要であるとの機運が生まれたからであった。このことは先の事情を見事に説明している。

いまここで、あえて国土学を「国民国家の現象学」として社会に提出しようとするのは、示してきたような国土認識しかないのであれば、大災害頻発国に住まうわれわれが自然災害から生命財産を守ったり、人口減少時代に生産性の向上によって経済を成長させ国際競争力を確保したりすることが不可能だからである。

内閣府の「平成二六年版子ども・若者白書」によると、三〇歳未満の若者に対する「自分の将来に希望があるか」との質問に対し、「希望がない・どちらかといえば希望がない」と答えた割合は、アメリカが九％であるのに対し日本では三八％にもなっている。

若者が将来に希望が持てないと言うように、もうすでに社会の各所に亡国の兆候が現われている。「より安全で、より効率的な利用を可能とする国土が未来をもたらす」のだが、その認識と理解なしには、国民は豊かにも安全にもならない。このことは国土学認識をまったく欠いてきた日本の過去二〇年間が世界に証明している。

「国家の存続と繁栄のため」の国土への働きかけを真剣に模索しなければ、わが国はもうすでに本当に危ういところにまで来ているのである。

大石久和

索　引

た　行

な　行

大石　久和（おおいし・ひさかず）

1945年生まれ。兵庫県出身。京都大学大学院工学研究科修士課程修了後、建設省入省、建設省道路局長、国土交通省技監等を歴任。財団法人国土技術研究センター理事長を経て、現在、同センター国土政策研究所長、京都大学大学院経営管理研究部特命教授、公益社団法人日本道路協会会長。専門は国土学。著書に『国土が日本人の謎を解く』（産経新聞出版）、『国土と日本人』（中公新書）、『築土構木の思想』（共著、晶文社）等多数。

藤井　　聡（ふじい・さとし）

1968年生まれ。奈良県出身。京都大学卒業後、同大学助教授、東京工業大学教授等を経て、現在、京都大学大学院工学研究科（都市社会工学）教授、同大学レジリエンス実践ユニット長、ならびに第二次安倍内閣・内閣官房参与（防災減災ニューディール担当）。専門は実践的公共政策論および人文社会科学研究。文部科学大臣表彰等受賞多数。各種メディア等での執筆活動等で盛んな言論活動を展開。著書は『大衆社会の処方箋』（北樹出版）、『プラグマティズムの作法』（技術評論社）、『社会的ジレンマの処方箋』（ナカニシヤ出版）、『列島強靱化論』（文藝春秋）、『土木計画学』（学芸出版社）等多数。表現者塾（西部邁塾長）出身。

叢書　新文明学4
国土学――国民国家の現象学

2016年5月2日　初版第1刷発行
2016年5月10日　初版第2刷発行

著　者　大石　久和
　　　　藤井　　聡
発行者　木村　哲也

定価はカバーに表示　　印刷　シナノ印刷／製本　川島製本

発行所　株式会社　北樹出版

〒153-0061 東京都目黒区中目黒1-2-6
電話（03）3715-1525（代表）FAX（03）5720-1488

ISBN978-4-7793-0500-9（落丁・乱丁の場合はお取り替え致します）